すべては歌のために

ポップスの名手が語る
22曲のプロデュース&アレンジ・ワーク

武部聡志

RittorMusic

はじめに

『すべては歌のために』。何とも大げさなタイトルの本を出すことになりました。

思えば、小学校3年生でエレキギターを手にし、中学／高校時代にはアマチュア・バンドで人前に出るのが、人に注目されるのが大好きだった自分が、いつの日から〝フロントに立つアーティストを支える立場の方が、自分には向いているんじゃないか？〟と思うようになりました。

そのきっかけは多分、高校卒業の頃に荒井由実、スティーヴィー・ワンダーの音楽に出会ったことが大きいのだと思います。その圧倒的な才能に触れたとき、僕は自分が前に出るのではなく、自分の力で人を輝かせたい！と強く思ったのです。

以来、多勢のアーティストたちと出会い、そのバックで演奏し、編曲家として作品を作り、プロデューサーとして新しいアーティストを見いだし、そうこうしているうちにあっという間に、40年という月日が経っていました。

仕事を始めた当初は、〝ミュージシャンとして目立つプレイをしたい！〟とか、〝かっこいいサウンドを作りたい！〟とか、意気がっていた時期もありましたが、いつの頃からか、〝歌のため〟に一番良い音や演奏を探すように変化していきました。そして、たくさんのライブやレコーディングを重ねていく中で、〝すべては歌のために〟という僕の音楽家としての指標が生まれたのでしょう。僕の演奏やアレンジメント／プロデュース・ワークによって、アーティストがのびのびとパフォーマンスでき、より輝くことを喜びと思えるようになってきたのです。

この本では、僕のキャリアを年代順に追いながら、スタジオ・ワークなど記憶に残っているさまざまなシーンを切り取りつつ、一冊にまとめてみました。音楽家を目指している方、音楽を仕事にしている方、はたまた音楽を愛しているリスナーの方、いろいろな方にこの本に書かれていることが、少しでもヒントになれば幸いです。

２０１８年１月　武部聡志

CONTENTS

Rainy
Blue
レイニー ブルー
徳永 英明

SUPREME
SEIKO MATSUDA

elfin

日本の音楽と、武部聡志。

EXILE
ATSUSHI
Beautiful Gorgeous Love

今日まで
そして
明日からも
吉田拓郎
tribute to TAKURO YOSHIDA

GUEST INTERVIEW

INTERLUDE

本書のお供に最適なコンピレーション・アルバム

『日本の音楽と、武部聡志。～HAPPY60～』

武部聡志の生誕60周年を記念して発売されたコンピレーション・アルバムです。1985年の「卒業」をはじめ、武部がアレンジ、作曲、プロデュース等を手掛けた全28曲が収録されています。もちろん、本書に登場している楽曲も多数含まれています。ぜひ、本書とともにお楽しみください。

▶▶ Disc 1

01　卒業 ／ 斉藤由貴 …… P029
02　ベストセラー・サマー ／ TUBE
03　あなたを・もっと・知りたくて ／ 薬師丸ひろ子 …… P051
04　レイニーブルー ／ 徳永英明 …… P059
05　瑠璃色の地球 ／ 松田聖子 …… P067
06　流星のサドル ／ 久保田利伸 …… P077
07　どしゃ降りWONDERLAND ／ 今井美樹 …… P083
08　もう一度夜を止めて ／ 崎谷健次郎
09　FLOWER REVOLUTION ／ THE ALFEE
10　全部だきしめて ／ 吉田拓郎とLOVE^2 ALL STARS …… P101
11　Stay with me ／ 松たか子
12　この世界のどこかに ／ 郷ひろみ
13　もらい泣き ／ 一青窈 …… P127
14　今年の冬 ／ 松本英子 feat. 槇原敬之

▶▶ Disc 2

01　ハナミズキ ／ 一青窈 …… P137
02　桜色舞うころ ／ 中島美嘉 …… P167
03　Progress ／ kōkua …… P179
04　いつか離れる日が来ても ／ 平井堅 …… P203
05　あの時君は若かった feat. 秦基博 ／ ムッシュかまやつ
06　みらい ／ ゆず …… P211
07　北風 ～君にとどきますように～ ／ miwa
08　さよならの夏 ～コクリコ坂から～ ／手嶌葵 …… P217
09　十三夜 ／ 鈴木雅之
10　夢やぶれて -I DREAMED A DREAM- ／ 華原朋美
11　ANNIVERSARY ／ JUJU …… P231
12　心の旋律 ／ 有安杏果 …… P239

Bonus Track

13　「僕らの音楽」オープニング・テーマ ／ 武部聡志 …… P159
14　Bee's Knees ／ 武部聡志

PROLOGUE

プロデューサー／アレンジャーとして大切にしていること

40年以上にわたる音楽家としての活動を振り返ってみると、僕の“プロデュース／アレンジ・ワーク”には、“自分がピアニスト／キーボード・プレイヤーである”、つまり“ミュージシャン”であることが基本にあると感じています。まずは、そんなところからお話を始めてみましょう。

バックバンドの経験から生まれた想い

僕がプロデュースやアレンジという仕事を志すことになった背景には、音楽家としてのキャリアを、バック・バンドのミュージシャンとしてスタートしたことがとても大きく影響しています。

1977年、当時20歳で大学生だった僕は、かまやつひろしさんのバンドにキーボード・プレイヤーとして参加させていただくことになりました。これがプロとしての出発点です。かまやつさんとは3年ほどの間、ツアーなどを回らせていただき、多くの経験をさせていただきました。

またその後は「異邦人」(1979年)の久保田早紀さんや「ルビーの指環」(1981年)の寺尾聰さんなど、いわゆるナンバーワン・ヒットをお持ちの方々のバック・バンドも務めさせていただきました。当時、こうした方々はコンサートやテレビ番組への出演などで多忙をきわめていらっしゃったので、僕もキーボード・プレイヤーとして一年中ステージを共にしていたのです。

そうした日々の中では、歌手の方がとても輝いている瞬間に立ち会えることもあれば、必ずしもそうではない場面に遭遇することにもなりました。演奏の現場ではいろいろなことが起こりますし、人間ですから調子が悪いこともあって当然です。そんな経験から僕は、〝フロントに立つアーティストにはより輝いてもらいたい、実力以上の力を発揮してほしい〟と考えるようになりました。そして同時に〝自分がアレンジやプロデュースを手掛けるようになったら、アーティストを本当に輝かせるにはどうしたらいいかを、まず考えていこう〟と思うようになったのです。

演奏を通じたコミュニケーション

このころから僕は、バック・バンドのライブ・アレンジも手掛けさせてもらっていました。ですから、お客さんの反応を肌で感じながら、〝このアレンジや演奏じゃダメなんだ〟〝この間奏の長さだと観ているほうは飽きちゃんうだな〟といったことを学べたのです。そして、〝どうすればお客さんとコミュニケーションを取れるだろう？〟〝一緒に盛り上がれるだろう？〟ということを日々考えていました。これはとても貴重な体験だったと思います。

またアーティストとの関係も同様に演奏を通じて培っていきました。演奏はいわばミュージシャン同士の会話みたいなものです。〝こういう風に弾くとこう反応してくるんだ〟という経験を積み重ねることで、〝どういうアレンジにしたら歌手の方に気持ちよく歌ってもらうことができるのか〟を探ることができました。また、ピアノを弾くことで歌手の方に安心してもらえることもあれば、逆に僕がピアノで歌手の方を引っ張っていくこともありました。そうした日々を繰り返していくことで、歌手の方との信頼関係も築くことができたのです。

一枚の絵を描くように

80年代にはアイドル・ポップスやロック、ニューミュージックなど、いろんなジャンルの音楽のアレンジを膨大に手掛けさせていただけるようになりました。アレンジャーとして必要なことは、それらの仕事の中で自然と身に付けていったように思います。

また幾つかの節目となる仕事においては、自分なりの方法論を発見することもありました。例えばそれは1985年にアレンジで参加させていただいた斉藤由貴さんの「卒業」であったりしたわけですが、その具体的な内容は「SONG 01」でお話することにして、ここではアレンジにおいて僕が大切にしていることを幾つかピックアップしてみましょう。

まず今でも強く意識しているのは、〝歌詞が聴こえるアレンジ〟ということです。アレンジをしてみると、〝ボーカルがオケに埋もれてしまう〟ということがあります。細かく言えば、楽器と歌の周波数レンジがぶつかっているわけですが(*1)、この状態では歌に耳がいかなくなってしまいます。ですから、まずはそうしたぶつかりが生じないサウンドを作ること、歌がオケにうまく収まって、聴いている人が自然に

*1 **周波数レンジがぶつかっている**
同じような周波数レンジ(周波数帯域)の声や楽器が同時に存在して、どちらか一方、もしくが両者が聴き取りづらくなることを音楽制作では「ぶつかっている」と表現する。音は空気の振動で発生し、その振動の速さは周波数(Hz/ヘルツ)で表される。周波数が高いと高い音、周波数が低いと低い音になる。人間の耳が聴き取れる周波数は一般的に20Hzから20kHzとされており、声や楽器は1つの周波数だけではなく、ある程度の幅を持った周波数レンジで声質/音色が作られている

曲の世界へ入れるサウンドにすることがアレンジの基本だと思います。

また初期の頃から自分の持ち味は、〝一枚の絵を描くようにアレンジする〟ことだと思っていました。サウンド的にカッコいいとか、ギミカルなことをやるというよりも、曲を聴いた人が映像を思い浮かべられるようなサウンドを目指していたのです。楽曲を絵に例えて作り上げてきたと言えるかもしれません。

これは僕が子供の頃からクラシック・ピアノを学んできたことと、学生時代にビートルズやカーペンターズなどのロックやポップスをリアルタイムで聴いてきたことの2つが影響していると思います。中でも僕がハマったのはプログレッシブ・ロック、いわゆるプログレでした。例えばピンク・フロイドやイエスなどですね。それらのプログレの多くはクラシックをベースとしていて、メッセージ性や哲学性が強く、サウンドがとても映像的でした。ジャケットなどのビジュアル面においても絵画的世界を持つ作品が多かったのです。

ですから、どんなアイドル・ポップスを手掛ける場合でも、僕のアレンジには映像的な要素を盛り込みたいと思っていました。ポップスを作る以上、ディレクターの方は〝キャッチーなイントロ〟や〝ヒットするアレンジ〟を求めます。それはもちろん大事なことです。でも僕は〝単なる売れ線の曲〟ではないところを目指したいと思っていました。これが僕のアレンジにおける〝美学〟と呼べるものかもしれません。

実際の手法としては、歌詞の世界観を具現化するようなシンセサイザーの音色を選ぶことだったり、曲のイメージを膨らませられるピアノのフレーズを考えることだったりと、いわゆるアレンジにおいて普遍的な作業ではあるのですが、それらの要素すべてが、〝映像的〟という方向に向かっていたのが、僕のアレンジの特徴だったのではないかと思います。

〝響き〟を生み出す

映像を喚起させられるようなサウンドを作るにあたり、僕が重視していたのは〝響き〟です。これはいわゆる〝ハーモニー〟とは少し異なるニュアンスです。単純に〝この音とこの音を積み重ねたときの和音の響き〟ということではありません。例えば、ある楽器とある楽器がミックスされたときに生み出されるようなモノ、そのときのサウンドが醸し出すムード、それらが僕の言う〝響き〟です。そして、この〝響き〟を生み出すことが、自分のアレンジのカラーだと今でも思っています。振り返ってみれば、高校生の頃に荒井由実さんのレコードを聴いて、すごく〝ムード〟を感じました。サウンドが温度や湿度といったものまで表現していると感じたのです。ビートルズにもそういう〝ムード〟はあったと思います。そのムードを自分なりに表現していくことが、僕のアレンジャーとしてのスタートとなりました。

ちなみに、僕は国立音楽大学で和声や楽典などの知識を学びました。それらは自分の血となり、肉となっているとは思います。でも、そうした理論やテクニックを超えたところでの〝ムード〟作り、絵を描くように〝響き〟を生み出すこと、それがアレンジにおいてとても大切なことだと思っています。

ですから、母校に呼ばれて講義を行う際も理論を教えるのではなく、キーワードから思い浮かぶものを音で表現してもらったりしています。例えば〝雪〟というキーワードでも、人によってとらえ方はさまざまですよね。吹雪を想像する人もいれば、静かに降ってくる雪をイメージする人もいるでしょうし、真っ白な銀世界を思い浮かべる人もいるかもしれません。あるいは冬の夜に光りながら降ってくる雪であったり……。そうしたイメージこそが、その人のオリジナリティだと思うのです。

複数の人たちと交わることで生まれるマジック

アレンジャーの役割は時代によって変化します。例えば、僕より上の世代の方々は、譜面を書いて、演奏はミュージシャンに任せるという形でした。

しかし、僕らの世代からは〝ミュージシャン・アレンジャー〟と呼ばれるスタイルが主流となりました。自分も楽器を演奏して、スタジオで他のミュージシャンともコミュニケーションを取りながらレコーディングを進めていくわけです。

こうなると、他のミュージシャンの良いプレイや、曲にふさわしいプレイを引き出すのもアレンジャーの仕事になりました。またどのテイクをOKにするのか、どのフレーズをチョイスするのかも、やはりアレンジャーの大きな仕事の一つです。アレンジャーは音楽的な意味での取りまとめ役と言えるでしょう。

現代では、曲を作る人がアレンジも行い、場合によってはエンジニアリング（＊2）まで手掛けるようなケースも多くなりました。しかし、僕が仕事を始めたころはまだ完全に分業でした。作詞家、作曲家、アレンジャー、エンジニア、シンセサイザー・マニピュレーター（＊3）といった専門家が、それぞれにコミュニケーションしながら一つの楽曲を作っていたのです。そこには、複数の人たちと交わることによって生まれるマジックがありました。

当時はスタジオが活況で素晴らしいミュージシャンとたくさん出会えたことも、今から思えばとてもラッキーでした。ミュージシャンの方々に助けられたこともたくさんあります。自分では思いつかないようなアイディアをもらうこともありました。音のキャッチボールみたいなことが、すごく頻繁に行われていた時代だったと思います。

〝打ち込み〟の普及

＊2
エンジニアリング
楽器等を録音する専門家を〝レコーディング・エンジニア〟、録音した楽器等の音量バランスなどを調整する専門家を〝ミキシング・エンジニア〟と呼び、両者の行為を総称して〝エンジニアリング〟とも呼ぶ。〝レコーディング〟と〝ミキシング〟は同一のエンジニアが手掛けることもある。なお、〝ミキシング〟は単に〝ミックス〟、あるいは〝ミックス・ダウン〟〝トラック・ダウン〟と呼ぶ場合もある。〝ミキシング〟の後には、CD作成等のために音を最適化する〝マスタリング〟という工程があり、これは〝マスタリング・エンジニア〟が行う。

＊3
シンセサイザー・マニピュレーター
シンセサイザーの音色を作る専門家のこと。シンセサイザー・プログラマーとも呼ぶ。

機材の変化もアレンジの手法に大きく影響します。特に80年代は最もドラスティックに技術が進化した時代と言えるでしょう。MIDI（＊4）やCDが生まれ、レコーディング・スタジオではアナログのレコーダーがデジタルになりました。

初めて弾いたMIDI付きの鍵盤は、多分、ヤマハのDX7（＊5）だったと思います。また最初に録音したデジタル・レコーダーはソニーのPCM-3324（＊6）です。〝音がパキッとクリアになるけど、アナログで録ったときのような音のにじみ感みたいなものがないな〟と思ったりしました。

MIDIが普及したことで、80年代以降は打ち込み（＊7）のパートも多くなりました。アナログからデジタルに移行していく時期でしたから、デジタルな要素をいかにミックスしていくかをすごく考えていましたね。生のリズムに打ち込みのシンセサイザーを組み合わせるとか、そんなふうに音色をミックスすることをいつも考えていました。

また70年代の日本のポップスでは、ストリングスと言えば弦楽器の演奏者の方に演奏してもらうのが当たり前だったわけですが、80年代に入ってからはだんだんとシンセサイザーやサンプラーの割合が増えていきました。「Emulator（＊8）の弦はいいよ」とか「KURZWEIL（＊9）の弦もいいね」といった会話が交わされていた時代です。僕もシンセでほとんどのパートをアレンジしたこともあります。この辺りのお話は本書の80年代の作品でも登場することになると思います。

＊4
MIDI
「ミディ」と呼ぶ。電子楽器同士でデータをやり取りするための規格で、〝Musical Instrument Digital Interface〟の略。例えば、シンセサイザー同士をつないで、片方のシンセから、もう片方のシンセの音を演奏することができる。

＊5
DX7
「ディーエックスセブン」。1983年にYAMAHA（ヤマハ）から発売され、世界的なヒット製品となったデジタル・シンセサイザー。〝FM（エフエム）〟と呼ばれる方式を採用しているのが特徴で、従来のアナログ・シンセサイザーでは難しかった金属的なサウンドなどを得意とした。

ただ、その一方で、いくらシミュレーションの技術が発達しても、〝生でしか出せない世界〟もあることに気づくようになりました。僕はストリングスを多用するタイプだと思いますが、現在は基本的に〝生〟のストリングスを使うようにしています。

プロデュースは〝ゼロ〟から作っていく仕事

あらためてアレンジという仕事を振り返ってみると、それは曲や歌詞、あるいはボーカリストの声、楽器のサウンドなど、いろいろなものをミックスしていく作業と言えると思います。その中で、曲が最もリスナーに響くサウンドにしたり、ストーリーを作ったりする、そういうことを考えるのがアレンジャーです。何もないところから新たな世界を提示するというよりも、既に存在しているものを、どんなふうに広げていけるかが、アレンジャーに求められるセンスだったり、力量だったりするわけです。

では、〝プロデューサーの仕事は何か〟といえば、それは〝ゼロから作っていく仕事〟だと思います。最初に〝こういう曲を作りたい〟と思ったとき、〝じゃあ、この人に曲を書いてもらおう〟とか、〝この人に詞を書いてほしい〟ということから始める、それがプロデュースです。

＊6
PCM-3324
ソニーによる24トラック仕様のデジタル・マルチトラック・レコーダー。1980年代半ばからスタジオに普及しはじめた。その後、80年代後期にはレコーディング・スタジオで定番となる48トラック仕様のPCM-3348が登場する。

＊7
打ち込み
シーケンサーと呼ばれる機械に演奏情報を入力して、シンセサイザーなどを鳴らす一連の行為を〝打ち込み〟と呼ぶ。MIDIの登場でリズム・マシンやシンセサイザーなどを簡単にシーケンサーで演奏することが可能になり、シーケンサー自体の表現力も飛躍的に高まった。そのため音楽制作でもシーケンサーが多用されることになった。現代ではシーケンサーやマルチ僕が初めて〝サウンドプロデューサー〟としてクレジットされたのは、1982年にリリースされた本田恭章君のアルバム『ICE PALACE』でした。この場合は、サウンド面のプロデュースのみで、作品全体の制作という形でのプロデュースではありませんでした。

〝プロデューサー〟としてクレジットされたのは斉藤由貴さんのアルバムでしたが、このときはディレクターの方と一緒に、曲を作曲家や作詞家の方に発注して、曲のセレクトや直しなども行っていきました。

このように〝プロデュース〟と言っても、どこまで手掛けるかは作品によって異なりますし、プロデュースする人によって方法論もさまざまです。素晴らしいサウンドを作ることに特化したプロデュース・ワークもあれば、自分で曲を書くことがプロデュース・ワークになる人もいます。

後者の最たる方はやはり小室哲哉さんでしょう。小室さんは自分で曲を書き、それを〝小室サウンド〟と呼ばれる独自の音に仕上げて世に送り出しました。この数十年の間に〝音楽プロデューサー〟という職業をお茶の間にまで浸透させたのは、小室さんの力だと思います。

では、僕の場合はどうかというと、小室さんのようにたくさん曲を書いたり、自分の色にアーティストを染めていくようなスタイルではありません。僕がやりたいプロデュースは、アーティストが持っている色合いを生かして、そこに濃淡やグラ

トラック・レコーダーがソフトウェア化され、パソコン1台で実現可能となっている。

＊8 **Emulator**
E-MU（イーミュ）社製のサンプラー、〝イーミュレーター〟シリーズのこと。Emulator I、Emulator II、Emulator IIIなどがあり、特にEmulator IIは80年代を代表するサンプラーとして知られる。サンプラーとは実際の楽器を録音（サンプリング）した音を音源として使用する電子楽器の総称。

＊9 **KURZWEIL**
「カーツウェル」。80年代から90年代にかけて人気を博したシンセサイザー・メーカー。80年代当時は250というモデルが有名だった。

デーションを付けたり、形を整えたりするというアプローチです。ですから同じアーティスト、例えば一青窈さんをプロデュースするときでも、デビュー時と今では、プロデュース・ワークの内容はおのずと違ってくることになります。

歌には人生が表現される

僕がプロデューサーとしてかかわらせていただく仕事では、必ず歌入れ（＊10）を自分で行います。最終的に一番大きく聴こえるのは歌ですし、リスナーに最も届いてほしいのは歌です。そのため、歌のディレクションはプロデューサーとして大切な仕事と考えています。歌とは不思議なもので、その人が生きてきた何十年間かが必ず出ます。だから、そのアーティストが持っていないものを引きだそうとしても絶対に無理ですし、それこそ声は生まれ持ったものです。技術的なことはトレーニングできますが、声質と生きてきた何十年間かのストーリー、これだけは変えようがありません。それをきちんと歌に投影できるような導き方をする、それが僕のプロデュース・ワークの特徴と言えるかもしれません。

格好つけて、よそ行きの服を着せて注目を集めるよりも、そういうものを排除して、素の状態でも注目される個性を引き出す、そういうプロデュースができればといつも思っています。その素の状態こそがアーティストの個性であり、お客さんを

＊10
歌入れ
歌のレコーディングのこと。特にここではボーカリストへのアドバイス（ディレクション）や、幾つか録音したもののうちのどれを選ぶかという〝テイク選び〟なども含めた総称として用いられている。

振り向かせる〝何か〟だと思うのです。

アーティストとのディスカッション

プロデュースするアーティストとは、音楽以外のいろんなこともディスカッションします。それは信頼関係を築くためという目的もありますし、楽曲のきっかけになることもあるからです。

例えば、僕が気になっていること、感動したこと、心を痛めたことなどを話します。政治の話のときもあれば、「こういう映画を観たんだけど」という場合もあるという具合に、何かしら自分の心が動いたことをアーティストに話すのです。すると、アーティストも自分が心を動かされたことについて話してくれます。歌のヒントはそういうところから生まれることもあります。場合によっては「じゃあ、このテーマで1曲作ってみようよ」ということになったりもするのです。

またシンガー・ソングライターをプロデュースする場合は、「こういう歌を作ろうよ」と僕から投げかける場合もあります。「こういうテーマで、こういう世界を歌にしたらどうだろうか?」という僕のお題に対して、アーティストが何を感じてどういうものを出してくるのか、それもまたプロデュースにおける楽しみのひとつです。

逆に、「これは自分で好きにやってみたら？」と任せることもあります。もっと言うなら僕がアレンジをしない作品もあるのです。それは、「この曲のアレンジはこの人にやってもらうのがふわさしい」ということを考えるのもプロデュース・ワークの一環だからです。

〝アーティスト・プロデュース〟を目標に

〝プロデュース〟は楽曲制作だけにとどまらない場合もあります。例えばジャケット・デザインや衣装、出演番組のチョイスなど、アーティストの方向性に関わることすべてをトータルでプロデュースするというアプローチです。いわゆる〝アーティスト・プロデュース〟ですね。僕もそんなプロデュースができることを目標に活動してきました。

これはユーミン（松任谷由実）と松任谷正隆さんの関係を間近で見てきたことが大きいと思います。2人の関係を近くから見て、うらやましく思っていましたし、ああいう風にアーティストをプロデュースしたいという思いをずっと持っていたのです。

そして実際に、僕を信頼してアーティスト・プロデュースを預けてくださった方もいらっしゃいますし、自分自身でアーティストを見つけてプロデュースしたこともありました。マネージメントやレコード・メーカーなどが全く決まっていない、まっさらな状態のアーティストをプロデュースするのは、とても面白くやりがいのある仕事です。そんなときでも僕は、アーティストを自分の色に染めるようなアプローチは採りません。アーティスト自身の色が濃く出るように掘り下げていき、そこに少しだけ自分の色を付け加えるというスタイルです。

§

駆け足ではありますが、僕の考えるアレンジとプロデュースにおいて大切なことをお話してみました。バック・バンドからスタートして、バック・バンドのライブ・アレンジ、そしてアレンジャー、プロデューサーと自分の仕事が変化していった過程をあらためて振り返ってみると、もともとプロデュース志向が強かったんだなと感じます。

バック・バンド時代もセット・リストをアーティストと一緒に考えたり、「この曲とこの曲は曲つなぎにして、ここでMCを入れよう」と提案したりしていました。「ここで間奏を伸ばしてメンバー紹介をしよう」とか、そんなことを考えるのが好きだったのです。

そして、最終的にはアーティストをどのように世の中に送り出すかまでを考える、いわばアウトプットまで見据えたプロデュース・ワークを目標に今日まで活動してきました。本書では、そうしたキャリアの中でも僕の代表作と言える22曲について語っています。音楽家を目指している方にとって、僕の経験が少しでもお役に立てれば幸いです。

またリスナーとして音楽をお楽しみいただいている皆さんには、音楽家が日々何を考えて曲を生み出しているのか、そんなことに少しでも興味をお持ちいただけたらうれしい限りです。

SONG 01

「卒業」

ARTIST

斉藤由貴

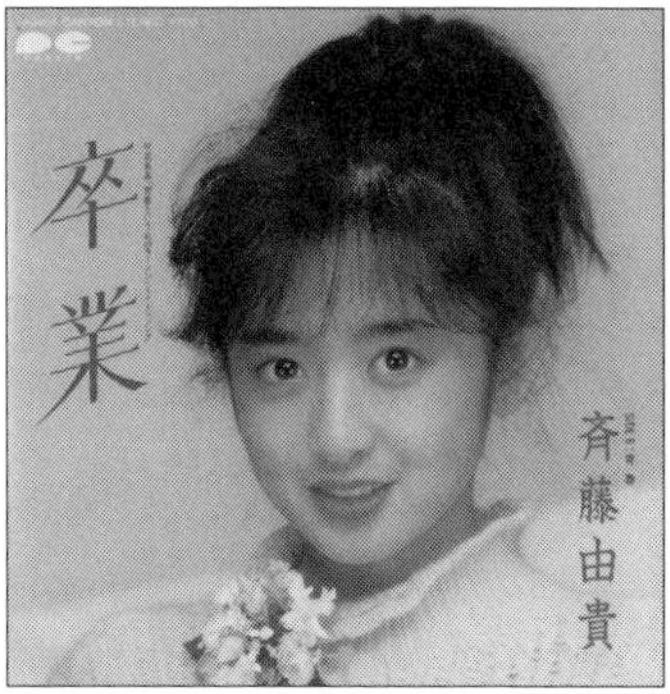

WORDS
松本 隆

MUSIC
筒美京平

ARRANGEMENT
武部聡志

RELEASE
1985年2月21日

FORMAT
シングル

LABEL
キャニオン・レコード

歌詞からインスパイアされた サウンド&フレーズ・メイキング

「卒業」は、アレンジャーとしてのキャリアの中で最初にヒット・チャートの上位まで昇り、“アレンジャー武部聡志”という存在を評価していただいた思い出の曲です。編曲家として初期の代表作であり、原点とも言えます。

「情景」について語り合った打ち合わせ

「卒業」は斉藤由貴さんのデビュー・シングルです。アレンジに携わるきっかけをくださったのは、当時、キャニオン・レコードのディレクターだった長岡和弘さんでした。

僕は、この「卒業」の前に小林麻美さんのアルバム『CRYPTOGRAPH 愛の暗号』を、アレンジャーとしてサウンド・プロデュースしていました。アルバム自体のプロデュースはユーミンです。長岡さんはそれを聴いて、「この音のムードを作っている人と仕事がしたい」と気に入ってくださったみたいです。

しかも、このシングルだけではなく、「何年間か腰を据えてやりましょう」と言っていただきました。すごくありがたかったですね。たしか長岡さんには「瞬間風速的にキャッチーなアレンジをする人というよりは、じっくり絵を描くように音を作る人とやりたい」と言っていただいたと記憶しています。

そして実際に、斉藤由貴さんの1stアルバム『AXIA』から7枚目の『TO YOU』までアレンジャーとして参加させていただき、枚数を重ねるに従い、選曲などプロデューサー的役割も担うようになっていきました。

長岡さんとは、「卒業」の歌詞を見ながら〝ここにはどんな情景が描かれているんだろう〟ということをすごく話し合いました。普通、アレンジの打ち合わせでは、〝こういうサイズにしましょう〟〝こういうキーにしましょう〟といったような音楽的なことが中心ですが、長岡さんに限ってはそういうことよりも、歌詞からイメージされる映像についての話し合いを優先させたんです。

例えば、〝学校の校舎は木造なのかな？〟〝校庭のグラウンドは土だろうか？〟〝駅まで続く道はどんな道だろう？〟〝その中で主人公はどういう想いで駅まで続く道を歩いているんだろう〟といったようなことを、すごく話し合って細かい部分までイメージしていきました。

筒美京平さんのイントロ・フレーズ

「卒業」は、僕にとって〝出会い〟の作品とも言えます。自分のサウンドを評価してくださった長岡さんとの出会いはもちろん、作曲家の筒美京平さん、そして作詞家の松本隆さんと出会ったのもこの曲です。

今でも印象深いのは、この曲は松本さんの詞先（＊1）だったことです。松本さんが詞を書いて、それに筒美さんがメロディを付けたデモを、レコーディング・スタジオで聴いた覚えがあります。

筒美さんご自身もアレンジャーとして素晴らしい作品をたくさん残されていますが、この頃からアレンジは若い人に任せて、ご自分はメロディ・メーカーとして曲

＊1
詞先
歌詞を先に作って、それにメロディを付けること。曲を先に作って、それに歌詞を当てはめることは〝曲先〟と呼ぶ。

作りに専念するという方向に向かっていたようです。恐らく、サウンド作りに関しては新しい才能ある人をたくさんピックアップしたいと思っていらっしゃった時期だったのではないでしょうか。

筒美さんのデモは、ピアノとリズム・ボックス的なドラム音、それにシンセのメロディといったようなものだったと思います。今で言う簡単な打ち込みデモみたいなものですね。

「卒業」はイントロのアルペジオ的なフレーズが印象的ですが、これは筒美さんのデモに最初から入っていました。これは僕が考えたものと皆さん、勘違いされているかもしれないですけど(笑)。

このどこが拍の頭なのか分からないようなフレーズが、曲の印象をイメージ付けていますよね。だから、これは絶対に変えてはいけないと思いました。イントロが2段構えになっているのも筒美さんのデモにあった形です。

一般的に、作曲家の方が作ってきたイントロや間奏に関しては、アレンジャーが〝これはそのまま使おう〟とか〝これは変えた方がいいな〟という取捨選択を行います。これはある意味、アレンジャーの特権のようなものと言えるかもしれません。しかし、この「卒業」の場合、〝筒美さんのデモにおけるイントロのアルペジオはマストだ〟と決めてアレンジに取りかかりました。

歌詞から導き出された音色

あらためて聴き返してみると、「卒業」のサウンドにはいろんなこだわりが詰まっています。

例えば筒美さんが作ったイントロのフレーズですが、これは学校のチャイムをイメージした音です。うっすらと鳥の声も入れているので時間は朝、始業のチャイムですね。この鳥の声もシンセで作ったものでした。

このときシンセの音色を作っていただいたのは、日本のシンセサイザー・マニピュレーターの第一人者、浦田恵司さんです。スタジオに当時の最新鋭シンセをたくさん持ち込んでくれたのですが、多分このイントロはPPG WAVE（＊2）とE-MU Emulatorをミックスした音だったと思います。また、このイントロはシーケンサーによる打ち込みです。手弾きではなく、シーケンス（＊3）でチャイムの雰囲気を出したかったんですね。

そして、よく聴くとアルペジオの最後に入る「タンタン」という部分の2音は音色を少し変えています。前半はWAVEかEmulatorのどちらかだけで、最後の2音だけ2つの音色を重ねたのかもしれません。正確には覚えていないのですが、そういう部分にこだわって作っていたことは確かです。

また、ストリングスはKURZWEILで、パッド系（＊4）の音はSynclav

＊2
PPG WAVE
PPG（ピーピージー）は80年代に存在したドイツのシンセサイザー・メーカー。その代表機種がシンセサイザーのWAVE（ウェーブ）シリーズ。WAVE 2、WAVE 2.2、WAVE 2.3などのモデルがある。ウェーブテーブルと呼ばれる独自の方式を採用していたことで知られる。

＊3
シーケンス
シーケンサーで作った機械的なフレーズのこと。

＊4
パッド系
シンセで作ったフワっとした浮遊感のある音の総称。

ier（＊5）だったかもしれません。基本的にはこの辺りのシンセやサンプラーを駆使して音色を作っていきました。

このイントロ・フレーズは、Aメロを折り返す部分やサビの手前など随所に入れています。僕はとにかくこのフレーズをいろんなところで使いたかったんです。

アレンジは2時間で

ここで、この時代のアレンジの工程について振り返ってみましょう。最初にリズム（＊6）を録るときの骨格となる譜面は、あらかじめすべて書いてからスタジオに入っていました。「卒業」の場合はパーカッションも含めた5リズムですね。

アレンジにかけるのは1曲1〜2時間くらいです。それ以上かける時間もなかったので、どんな曲でも2時間で書いていました。間奏のコード進行やソロのフレーズなども、その時間の中で考えています。

例えば、サビの「ああ　卒業式で泣かないと」の後に入るコーラスのフレーズや、「冷たい人と言われそう」の後のフルートのフレーズなど、後から録音するパートの譜面も最初から作っていました。ですから、リズム録りでは他の楽器、例えばギターなどに関しては「あまり大げさなフレーズを入れるのは避けてください」といった指示をしながら、リズムを録っていきました。ただ、それだけでは分かりづらいの

＊5
Synclavier
シンセサイザー、サンプラー、シーケンサー、レコーダーなどを組み合わせた音楽制作システム。「シンクラヴィア」。New England Digital（ニュー・イングランド・デジタル）社の開発による。

＊6
リズム
ここでの〝リズム〟は、楽曲の基本となる楽器隊のこと。〝リズム・ベーシック〟あるいは〝ベーシック〟と呼ぶこともある。例えば〝4リズム〟と言えば、ドラム、ベース、ギター、キーボードを指す。

で、リズム録りのときは、僕が仮のピアノで後から入れる楽器の主要フレーズを弾いていたと思います。

リズム録りの後はシンセやその他の楽器、コーラスなどのダビング（＊7）を行いました。シンセサイザーのダビングでは、先ほども触れた通りシーケンサーも使っていたので、レコーダーとシーケンサーのタイミングを合わせるための〝同期〟という作業が必要になります。これがすごく大変でした。

リズム録りの際にドラマーの方はクリック（＊8）を聴きながらたたいているので、テンポ自体は合わせることができます。しかし、実際にシーケンサーで鳴らした音を聴きながらたたいているわけではないので、どうしてもシーケンサーのフレーズと微妙にズレるところが出てきます。これを合わせるのが大変でした。例えば「卒業」にはサビでシンセが8分音符のバッキングをしていますが、それをドラムのノリに合わせるのにすごく時間がかかりました。恐らく、シンセ・ダビングだけでも10時間くらいはかかっていると思います。そして、それが許される時代でもありました。

〝学校〟を連想させる楽器をチョイス

間奏には鍵盤ハーモニカのソロが入っていますが、これも〝学校〟というキーワードがすごく頭にあったからだと思います。当時のアイドル・ポップスでは、ギター・

＊7
ダビング
既に演奏を録音した状態へ、さらに別の演奏などを重ねて録音すること。特にリズム録りを行った後に、さらに楽器を録音していく一連の作業のことを指す場合が多い。ギターを加えるときは〝ギター・ダビング〟、シンセのときは〝シンセ・ダビング〟などとも言う。

＊8
クリック
テンポを保つためのメトロノームのようなガイドとなる音のこと。

ソロやサックス・ソロが多かったと思いますけど、この曲では学校にある楽器にしよう思ったんです。

またサビには4管編成のいわゆるフォー・サックスで、流れるようなフレーズを入れています。これは僕のアイディアなんですけど、ちょっとブラス・バンドっぽいエッセンスを入れたかったんです。でも、トランペットやトロンボーンでのホーン・セクションで、すごく切れ味のいいタイトなものというイメージではなかったんですね。そこで、サックスだけで4声の和音を重ねることにしました。ちなみにこれは1人の演奏者の方がダビングしています。このサックスがサビのバックにあることによって、シンセだけのアレンジでは生まれないムードを作れたのではないかと思います。

ほかにはフルートも入れたかった楽器のひとつです。これらの楽器の選び方も歌詞の情景に合わせたものでした。都会的というよりは、ひたむきにブラス・バンドに打ち込んでいる田舎の学生、そんなイメージです。

ストーリーを作る音色展開

「卒業」の構成の特徴は、サビまでがすごく長いことです。現代の曲だったらもっと早くサビがくると思いますが、この曲はAメロを2番まで繰り返してからサビにいきます。だから、いかに飽きさせない展開を作るかが重要で、そのために自分なりのストーリーを描いて音色で展開を作っていきました。

例えば、最初のAメロの後半には鐘の音をプラスして、2番のAメロではストリングスが低い音域から少しずつ広がるようにしたり、サビ終わりの3回目のAメロには細かく刻む薄いストリングスを打ち込みで入れたりしました。ここは「席順が変わり　あなたの　隣の娘にさえ妬いたわ」という歌詞なので、サウンドは逆に少し軽快にしたかったんです。

こんな風に当時の僕は、詞先の曲であれば歌詞からインスパイアされたフレーズや音色を多用していました。それが僕のアレンジの特徴というか、持ち味だったと思います。

また当時、僕が好きだったのはアメリカよりはイギリスの音楽で、それもカルチャークラブなどのニューロマンティックと呼ばれるものでした。「卒業」で使った音色には、そういう音楽のエッセンスが入っているように感じます。デジタルとアナログを良いバランスでミックスできたと思いますね。

浮遊感が印象的だった斉藤さんの歌声

この曲の歌入れは長岡さんによるものです。僕はそれを見に行って、そこで斉藤さんご本人ともお会いしました。

斉藤さんの歌には独特の浮遊感というか、宙に浮いている感じがあって、その印象は後に斉藤さんの作品をアレンジする上で随分と役に立ちました。

また女優さんですから、演じながら歌うことにすごく長けているなとも思いました。リズムやピッチ(*9)がカッチリしているタイプではありませんが、語尾やちょっとためて歌う感じが、女優さんならではだと思います。仕上がった歌を聴いたときには、〝表現力がすごくいいな〟と思ったのを覚えています。

§

「卒業」は長年にわたって愛され続ける曲になりました。その理由は多くのスタンダードと呼ばれる曲と同じく、メロディと歌詞のどちらにも〝ここはなくていいんじゃないかな〟と感じさせる部分が全くないことだと思います。

僕個人のことで言えば、冒頭でも触れた通り、この曲を評価していただいたおかげで、その後もアレンジャーとしてたくさんお仕事をいただけるようになりました。今、あらためて感じるのは、〝最初に注目してもらえるきっかけとなったのがこの曲で良かった〟ということです。これは本当にそう思います。

***9**
ピッチ
音の高さのこと。一般的に日本語では「音程」と呼ばれるが、用語としては「音高」が正しい。

INTERLUDE

80年代のレコーディング時間割

当時のレコーディングで最もスタンダードな方法は、13時〜18時で2曲分のリズム録り、そしてまた19時〜24時で2曲分のリズムを録るというものでした。だから1日に4曲のリズム録りをしていたわけです。ギターなどはリズム録りのときにダビングまで行っていました。

シンセ・ダビングやストリングス、ブラスなどは後日、またスタジオに入って行うという流れです。1曲録るのに中1日あればできるという感覚ですね。だから、「この曲を3日でレコーディングしたいんです」とお願いされるのは日常茶飯事でした。

「卒業」の章で、「アレンジにかけるのは1曲1〜2時間くらい」とお話ししましたが、これは当時のこのような生活から身に付いたものです。朝起きたら、8時〜12時までの間にその日に録る曲のアレンジを済ませ、それからスタジオに向かうという毎日でした。もともと前もってアレンジする時間もありませんでしたし、当日のほうが集中できましたからね。そんなわけで、今でも基本的にアレンジにかけるのは1曲1時間〜2時間です。

GUEST INTERVIEW 01

長岡和弘

Kazuhiro Nagaoka

Producer / Director

“私はディテールにすごくこだわるんです 武部さんはそれを的確に表現してくださいました”

「アレンジャー武部聡志」を語る上で外せない存在、それが斉藤由貴の「卒業」を世に送り出したディレクター、長岡和弘さんです。その後、数年にわたって長岡さんと武部さんは作品制作を共にし、長岡さんが生まれ故郷の大村市に拠点を移して以降も、現在に至るまでその親交は続いています。そこで、長岡さんには「卒業」制作時のエピソードから、現在進行中のプロジェクトまで語っていただきました。

PROFILE

1974年に甲斐バンドのベーシストとしてデビュー。体調不良のため脱退後はキャニオン・レコード（ポニーキャニオン）のディレクターとして石川ひとみの「まちぶせ」、斉藤由貴の作品などでヒット作を手掛ける。1990年代以降は映画音楽のプロデューサーも務める。現在は生まれ故郷の長崎県大村市にあるシーハット大村の館長を務めつつ、音楽プロデューサーとしても活躍。

ストーリーを作る音色展開

――長岡さんと武部さんの出会いは、斉藤由貴さんの「卒業」がきっかけだったそうですね。そもそも、なぜ斉藤さんを手掛けられることになったのですか?

●当時、キャニオン・レコードのディレクターだったんですけど、『週刊少年マガジン』でグラビアを撮っているカメラマンの野村誠一さんとジャケット写真の打ち合わせで一緒になったとき、「この子、いいと思わない?」と見せてくれた写真があったんです。それが斉藤由貴さんでした。「ああ、すごくいい!」と思いましたね。「この子、見た感じで歌声とかも良さそうな気がするけど」と言ったら、「歌声、いいよ」とおっしゃるんです。それで会社にとんぼ帰りして、制作部長に「こんな子がいるんですよ!」と言ったら、部長が逆に「長岡、ちょっと来い」って呼ぶんですよ。それで「お前、この写真の子どう思うか?」って。それが斉藤さんだったんです。そんな偶然もあり、この子は絶対ウチでやろうということになりました。もちろん、引き合いはたくさんあったと思いますが、見事キャニオン・レコードに決定し、当然のように私が担当することになったんです。

――「卒業」は作詞が松本隆さん、作曲が筒美京平さんというゴールデン・コンビによる楽曲ですが、どのような依頼をされたのでしょうか?

●松本さんとは以前にもお仕事をさせていただいていて、そのときにも筒美さんに曲を頼んだんですけど、忙しくて断られたんですね。でも「いつか仕事しましょうね」と言ってくださったんですよ。それで、斉藤さんを担当することになったとき、すぐに筒美さんにお声がけさせていただきました。「ぜひお願いしたいアーティストがいるんですよ。松本さんと一緒にやってもらいたいんです」ということで3人で会いました。そのときに斉藤さんに5曲くらい歌ってもらったデモテープをお2人に渡したんです。中島みゆきさんの「悪女」と、原田知世さんの「時をかける少女」、松田聖子さんの「夏の扉」「SWEET MEMORIES」、あみんの「待つわ」だったと思います。スタジオで1番だけ歌ってもらって録ったんですよ。そして後日、また3人で会って、この中でどのタイプの曲がいいだろうと話し合ったんですけど、3人とも意見は同じでした。そのときは「待つわ」でした。

――そこが出発点だったんですね。

●そうですね。それで詞先にするか、それとも曲先にするかを相談したら、筒美さんが「松本君に先に詞を書いてもらうと、素晴らしい曲ができると思うよ」とおっしゃるんです。それで詞先ということになったんですけど、松本さんは「長岡君、タイトルを決めよう。家に来てくれない?」とおっしゃるんです。詞を書く前にまずタイトルを決めようということだったんですね。それで、松本さんの家で徹夜してまずは曲名だけを決めました。そのとき松本さんは「最初で最後のものがいいよね」とおっしゃっていました。例えば、〝初恋〟とか人生で1回しかないものですね。それでタイトルを「卒業」に決めて、その日はそれで帰ったんです。

――そのときはまだ作詞に着手されていないわけですね。

●はい。その後、「詞を書くから、もう1回来て」と言われて、行ったら、「今から書くから何か観てて」って、『ワンス・アポン・ア・タイム・イン・アメリカ』を観ながら出来上がりを待っていました(笑)。それで徹夜し朝になって、「できたよ」って見せていただいたんですけど、99%くらいの歌詞ができていました。僕はそれを見て「松本さん、ここ変えませんか?」とお願いしたんですけど、どこだったかは忘れました(笑)。ただ、「歌詞に注文出されたのは初めてだ」とおっしゃっていました(笑)。

最初で最後の注文でした。ちなみに、サビの「ああ」はそのときなかったんです。レコーディングのときに斉藤さんが歌っているのを聴いて、筒美さんが「サビ前に〝ああ〟を入れようか」とおっしゃったんです。それで、入れて歌ってもらったら、〝こんなに変わるのか〟とビックリしましたね。

好奇心の強さ、理解力のすごさ

――作詞、作曲の依頼と同時にアレンジャーも探されていたと思いますが、武部さんのことはご存じだったんですか?

●それが知らなかったんです。〝誰に頼もう〟と考えているときに、ラジオのスポットCMで小林麻美さんの「哀しみのスパイ」がちょっとだけ流れたんです。「これは!」と思いました。もちろん小林麻美さんのことは知ってましたけど、アレンジがすごくいいなと思ったんです。その1カ月後くらいに会社の編成会議で、小林千絵さんの「水色のカチューシャ」がかかったときにもアレンジがすごくいいなと思って調べたら、どちらも〝武部聡志〟という人がアレンジしていることが分かったんですね。それで彼女の担当ディレクターに紹介してもらい、ハーフトーンミュージックに電話して、武部さんに会いに行ったんです。

――それが最初の出会いだったわけですね。

●そうなんです。武部さんは黄色のジャンパーを着てましたね。「どんなことをしているんですか?」と聞いたら、「松任谷由実さんのコンサートの演奏を、松任谷正隆さんやユーミンと一緒になってやらせてもらっています」とおっしゃいました。「ヴィジュアルとライブを融合した〝ヴィジュアライブ〟

というコンセプトでステージをやってるんですよ」と熱く語られていましたね。それで、私からは「今から斉藤由貴さんという子をデビューさせようとしているんですけど、7作ぐらい一緒にやりたいんです」と言いました。

——そんな具体的に？

●はい。「作品が売れなくても売れても、最低でも2〜3年は一緒にやってもらえませんか？」と。当時はシングルを出すたびに制作スタッフが変わっていて、「なんでこんなことをするんだろう？」と思っていたんです。私は斉藤さんをデビューさせるにあたっては、もっと腰を据えて取り組みたかったんですね。もともと自分がバンドをやっていて、アーティスト活動を経験していたから、そう思ったのかもしれません。音楽ビジネスに関しては全くの素人でしたけど。でも、当時のキャニオン・レコードという会社は、得意なことを伸び伸びとやらせてくれる社風だったんです。だから面白かったし、幸せな仕事環境でした。それで武部さんには、「一番に優先するのは松任谷由実さんの仕事で構いませんから、2番目のプライオリティを斉藤さんにしてくれませんか？　一緒に苦労しながらファミリーみたいな形でやりたいんです」とお願いしました。そうしたら「喜んで」とおっしゃっていただけました。

——なぜそれほどまでに武部さんと一緒に仕事したいと思われたのですか？

●武部さんの作る音像がすごく好きだったんです。普通はシングルを作るとなると、どうしても派手さを強調するために陳腐になりがちなんですよね。それが作品を殺してしまうこともあるんですけど、武部さんにはそういうケバさがなかったんです。自分もアーティスト志向が強かったので、そういう感じで作りたかったんだと思います。私のディレクターとしてのデビュー作は石川ひとみさんの「まちぶせ」ですが、そのときのアレンジは松任谷正隆さんにお願いしたんです。やっぱり、そういう系統の音像が好きだったんでしょうね。

武部さんは好奇心の強い音楽家

――「卒業」のアレンジに関しては、歌詞のイメージを共有するところから始められたそうですね。

●この本で武部さんが書いていらっしゃる通りですね。私はディテールにすごくこだわるんです。モノがそこに存在するためには、影とか光とか温度とか空気とか湿度とかが絶対必要だと思っています。夏の花火と冬の花火では感じ方に違いがありますよね。だから武部さんにはそのディテールを音色で、フレーズで、リズムで表現してくださいとお願いしました。多分、すごく苦労されたと思いますが、武部さんは的確に表現してくださいました。武部さんは非常に好奇心が強い音楽家なので、それができたのだと思います。武部さんのような人はほかにはいないんですよ。イメージはあっても、音にできる人はいないんです。そこが武部さんのすごいところです。

――「卒業」の歌詞について、長岡さんご自身はどのようなイメージをお持ちだったんですか?

●武部さんが「この卒業する学校はどんな学校なんだろう? ビルに囲まれた学校なのか、それとも田舎にポツンとある学校なのかな」と言うので、僕は「こんな学校ですよ」と具体的に説明したんです。自分が卒業した長崎県立大村高校のことを話しただけですけど(笑)。この高校は歴史が古くて景色も非常にいいんですよ。桜並木の長い坂道を登り切ったところに正門があって、その先に3階建ての校舎があるんです。その校舎から運動場へ降りるところには藤棚があります。秋には土ぼこりが舞うような運動場なんです。制服も私立高校のファッショナブルなものではなくて、赤いスカーフの素朴なセーラー服です。「そんな学校を卒業する女の子の話なんですよ」と伝えました。私はアレンジに関して楽器がどうこうという注文はあまりしないんです。とにかくディテールを一生懸命お話ししました。それに対する武部さんの理解力がすごくて、しかも速いんですよね。そして、音像の引き出しも多いので本当に助けられました。

選曲から共同作業

――「卒業」以降にご一緒された斉藤さんの楽曲で、印象深かったものといえば何でしょうか?

●いろいろありますけど、例えば「ＭＡＹ」でしょうか。当時、私はいつも１００曲以上のデモ・テープを持っていたんです。それは特定のアルバムを作るからということで集めたものではなく、年がら年中デモ・テープを受け付けていました。「たまたま良い曲ができたんだけど」といった感じで持って来られる方が多かったので、それを預かっていたんですよ。それで次に出すシングルの曲を選ぼうというときに、「一緒に選びましょうよ」と武部さんにも聴いてもらったんです。冬に出す曲だから、吐息が見えるような感じがいいなとか、そんなことを言っていたような気がします。そうしたら、私がボツにしたものの中から、武部さんが「長岡さん、これいいですよ」とピックアップされた曲が「ＭＡＹ」なんです。そのときの僕は「そんなにいいかなあ?」という感じだったんですけど、武部さんが良いというなら録ってみましょうということでレコーディングしたんですね。そこで、武部さんは「アイディアがあるんです。聴いたらびっくりしますよ」と言って、徳武弘文さんを連れてきたんですよ。

そして徳武さんがアームではなくて、ストラップを引っかけるピンを引っ張って弦をチョーキングするギター（編注：ストリングベンダー搭載のギター）で演奏してくれたんです。「ほぉー」と思いましたね。そして、「ＭＡＹ」は本当に名曲になりました。この曲は本当に〝武部プロデュース〟みたいなものです。私はオケの出来上がりを待って歌を入れただけという感じですね。「すごい！」と思いました。その辺りからさらに共同作業が深くなっていったんです。

——選曲から武部さんも参加されていたんですね。

そうですよ。アルバムやシングルのテーマは私が考え、何を伝えようかとか、どんなことを描く作品にしようかということから武部さんと話し合っていました。アルバムを作るときは10曲収録するとしたら、多めに15曲くらい選んで、斉藤さんにも「こんなの歌ってみませんか？　自分で詞を書いてみたい曲はある？」という感じで話し合いながら、絞り込んでいきました。そうしてピックアップした曲のアレンジに武部さんは取りかかり、私は作品のトータルなイメージを思い描きながらジャケットなども考え、デモ音源を作り、録音作業に入るという流れでした。ちなみに、私は録音ではオケをきれいに作り上げてしまわないことにしているんです。

——というと？

いつも8割方ぐらいまで仕上げた段階でメイン・ボーカルの歌を録るんです。そして、ボーカルを聴きながら必要であれば、そこから音像を入れますし、余計なものがあれば省いていきました。本当の歌を聴いてから、「これ余計だったね。幕の内弁当みたいになっちゃったね」ということもあるんですよ。「崎陽軒の弁当がおいしいのは、アレとコレが入ってるけど、それ以外は入ってなくて絞ってあるからいいんだよね。でも、このオケは幕の内弁当みたいで何を食ったか分からなくなるね」みたいなことをよく話し合っていました（笑）。武部さんは、私の注文にも常にポジティブに取り組んでくれて、その姿は今も目に焼き付いています。

——無茶な注文をされたことも？

●「間奏をタップダンスにしたいんだけど」と言ったことがあります（笑）。武部さんは「えっ!?」と言いながらも、「分かりました。1日時間をください」と言って、注文に応えてくれましたよ。斉藤さんの「青空のかけら」という曲なんですけどね。タップダンスなんて音程はないし、カチャカチャ鳴ってるだけですよね。だからそんな注文をされたら、普通のアレンジャーの方は迷惑そうな顔をされると思うんです。でも、武部さんは違ったんですよね。あとおかしかったのは、マンガを描いたことですね。

——マンガですか？

●そうなんです。お互い忙しくなってからは打ち合わせの時間すら取れなくなってしまったことがあったんです。それで電話で「どうしましょう」と話していたときに、私から「分かりました。マンガを描いて送るので、それにBGMを付けてください」と言ったんです。それで、私はイントロからお尻までストーリーになっている16コマくらいのマンガを描きました。へたくそな絵なんですけど、一応ちゃんとオチも付けて（笑）。それも2曲分です。そして次に武部さんと会ったのはレコーディングの当日なんですよ。武部さんは私の描いたマンガだけを元にアレンジしてくださったんですけど、ビックリしました。ドンピシャ以上の仕上がりだったんです。あのとき〝本当に武部聡志はすごいんだな〟と思いました。面白かったですね。それが12インチ・シングルとなった斉藤さんの「土曜日のタマネギ」と「AXIA～かなしいことり～」でした。

——演奏家としての武部さんにはどんな印象がありますか？

武部さんのピアノはペダルの音が聞こえないんですよ。普通はペダルを踏むとコトンと鳴ったりしますよね。あの音が全然しないんです。そのことを尋ねてみたら、「ペダルも演奏のひとつなので、そこは音がしないように徹底して練習した」と言ってました。

——斉藤さん以外の武部さんのお仕事で印象に残っている曲はありますか？

山口由子さんの「そして毎日あなたを思った」ですね。これは武部さんのプロデュース曲なんですけど、僕はこの曲が嫉妬するほど好きなんです。「よく作ったな、これ」と思います。歌詞が全部過去形で、すごく説得力があるんですよ。そして、小さい波や大きな波が打ち寄せてくるようなアレンジで、本当によくできてるんです。大好きですね。あとは、やはり一青窈さんの作品も、武部さんらしい良いアレンジだなと思いました。

半崎美子のプロデュースに期待

——最近でも武部さんとお会いになったりされてるんですか？

ユーミンのコンサートで長崎に来たときに会ったりしていますし、昨日もメールをもらいました。僕はこの4年ほど半崎美子さんのプロデュースを手掛けてきたのですが、今は武部さんにも本人に会ってもらったりして相談しています。「ここまで一生懸命やってきてますが、ここからは武部さんの力を提供していただいてもっと輝かせてもらえませんか？」とお願いしたんですよ。自分の中ではいつも新しいことをやっているつもりでも、いつの間にか思考回路がパターン化してしまうこともあります。それはイヤなので武部さんにお願いしようと思ったんです。それで、武部さんにいろいろ聴いてもらったら「すごくいいと思います。引き継いでガンガンやります」と言ってくださいました。今は次のリリースに備えてデモ・テープ作りなどをしているところだそうです。昨日も半崎さんからも電話をもらって「武部さん、すごいんですよ！」と言ってました。だから、どんな作品が出来上がるのか、今からすごく楽しみです。

——では、最後に武部さんにメッセージをお願いできますか？

●若いころの武部さんはせっかちで、いつも一生懸命仕事をしていました（笑）。でも、もう60も過ぎたことだし、少しゆっくりとしたペースで走っていいんじゃないかなと思います。武部聡志という音楽人が存在したことで確かに日本の音楽シーンはあらゆる面で良質に変わった！と思います。まだまだやりたいことがいっぱいあるんでしょうけど、健康に注意して着実に好奇心の続く限り活動してもらえたらと思っています。

SONG 02

「あなたを・もっと・知りたくて」

ARTIST

薬師丸ひろ子

WORDS
松本 隆

MUSIC
筒美京平

ARRANGEMENT
武部聡志

RELEASE
1985年7月3日

FORMAT
シングル

LABEL
東芝EMI

NEVEの太い音に支えられた バラエティ豊かなシンセ・サウンド

「卒業」以降、松本隆さん、筒美京平さんとはたびたびお仕事をご一緒させていただくことになりました。「あなたを・もっと・知りたくて」もその中の1曲です。この曲を聴くと、使用したスタジオのサウンドがまざまざと思い出されます。

結婚式の前日にレコーディング

「あなたを・もっと・知りたくて」は薬師丸ひろ子さんの5枚目のシングルにあたります。今でもよく覚えているんですけど、この曲は自分の結婚式の前の日にレコーディングしました。「明日は結婚式だから、夜は遅くなれない」と言いながらも、結局、深夜まで(笑)。そういう意味でも思い出深い作品です、

この曲も作詞が松本隆さんで、作曲が筒美京平さんです。東芝EMIのディレクターの方からご連絡をいただいて、「筒美さんと松本さんの曲なので、アレンジは武部さん以外には考えられない」とおっしゃっていただきました。斉藤由貴さんの「卒業」で、すごくいい結果が出たので、ご指名をいただけたのだと思います。ちなみに、この曲の前のシングル『Woman〝Wの悲劇〟より』は、作詞が松本隆さんで、作曲が呉田軽穂、つまりユーミンで、アレンジが松任谷正隆さんです。

この曲は民営化されたばかりのNTTのCMソングということも決まっていました。そういうこともあって、曲中には電話のベルの音とセリフも入っています。これは松本さんのアイディアだったと思います。

この曲をきっかけに、その後、薬師丸さんのシングルを何曲もアレンジさせていただけることになりました。井上陽水さん作詞／作曲の「ステキな恋の忘れ方」や、阿木燿子さん作詞、宇崎竜童さん作曲の「紳士同盟」、来生えつこさん作詞、来生

たかおさん作曲の「語りつぐ愛に」などです。また松本隆さんがプロデュースされたアルバム『花図鑑』や、その他のアルバムでもアレンジでたくさん参加させていただきました。松本さんは当時、松田聖子さんを筆頭に作詞だけでなく、アイドル・ポップスのプロデュースもたくさん手掛けられていました。

打ち込みと生の弦の組み合わせ

この曲はとても80年代らしいアレンジだと思います。シングルでなおかつCM曲ということを念頭に作っているので、非常に分かりやすいポップチューンになっています。

大きな特徴はシンセとシーケンサーを多用している点です。シーケンサーはMC-4(*1)を使っていたと思います。僕が打ち込みを使い出した初期の作品なので、いろいろなアイディアをふんだんに盛り込んだサウンドになっています。

そのころの僕はシーンごとにシンセの音色を変えていくのがアレンジする上での楽しみの一つでした。Aメロはこういう音色、Bメロはこれで、サビはこの音色というように、ものすごくいろんな種類の音色を使うタイプでした。

また、Aメロなどで聴けるマリンバのような音をはじめ、随所に刻みのフレーズが入っているのも特徴です。サビでもシンセの刻みが入っています。弦とコーラス

*1
MC-4
「エムシーフォー」。Roland(ローランド)社が1981年に発売したシーケンサー。

は生ですが、生の弦と打ち込みのシンセ、特に刻みを組み合わせるというのも、当時のアレンジによく聴かれるパターンだと思います。

現在でも打ち込みと生の弦の組み合わせというのは珍しくありませんが、そのころのレコーディングが今と大きく違う点は、スタジオに行くまで誰もどういうサウンドのアレンジになるのか分からないということです。つまり、プリプロ(＊2)なしで本番のレコーディングに入るわけですね。今ならプリプロを行って、アレンジの方向性がわかるデモを作ることが多いのですが、当時はアレンジャーが譜面を持ってスタジオに入り、そこでミュージシャンに音を出してもらって初めてアレンジの内容が分かるわけです。ですから、ディレクターとアレンジャーの信頼関係がないと成立しない仕事が多かったと思います。

筒美京平作品のオーギュメントとマイナー・シックス

アレンジの方向性としては、筒美さんが素晴らしい曲を書いてくださったので、その魅力を最大限に引き出せるようにと考えました。

「卒業」と同じく、この曲のイントロ・フレーズも筒美さんのデモにありました。ですから、これはもういじりようがありません。デモではピアノだったと思いますけど、それをシンセに置き換えた感じです。これはprophet-10(＊3)で鳴らし

＊2 プリプロ
プリプロダクション(Pre-production)の略。本番のレコーディングに備えた準備段階のこと。具体的に何をするかは作品によってさまざまだが、多くの場合は打ち込みなどで仕上がりを想定したデモ音源を制作する作業を指す。

＊3 prophet-10
「プロフェットテン」。SEQUENTIAL CIRCUITS(シーケンシャル・サーキット)社のアナログ・シンセサイザー。同社の有名機種prophet-5が2台入っているような2段鍵盤の仕様で、prophet-5が同時に5音までの発音だったのに対し、同時に10音まで鳴らせた。

たものだと思います。セリフのところもフレーズ自体は京平さんのデモを踏襲しました。

「卒業」でもお話しましたが、京平さんは〝こういう世界にしたい〟という意図が明確に伝わるイントロやコード、メロディなどで曲を作られていたので、アレンジャーとしても無理にコードやフレーズを変える必要はありませんでした。筒美さんが作られた形を生かしてそのまま広げていくことができたんです。それが京平さんの曲作りの特徴だと思います。

またコード進行にも特徴があって、例えばオーギュメントやマイナー・シックス（＊4）をおいしい部分でよく使われています。そうしたコードとメロディで、音楽に詳しくない方が聴いても〝何かいいな〟と思える部分をお作りになるんです。筒美さんはそういうスウィート・スポットをとてもよくご存じで、そこが持ち味のひとつだと思います。僕はそういう曲作りのツボを、どういう風に楽曲に組み込んでいけばいいのか、どれくらい散りばめればいいのかといったヒントを、ものすごく学ばせていただきました。

例えば、この曲でもサビの直前では、

Gm7／C→Caug

＊4
オーギュメントやマイナー・シックス
どちらもコードの種類。

という形でオーギュメントが入っています。
またサビの「もっともっと」から始まる部分は、

F↓Am7／E↓Cm6／E♭↓D7

とマイナー・シックスが使われています。このベース音が半音で下行していきつつ（＊5）、マイナー・シックスが入るというコード進行の妙で、グッとくるポイントが作られているわけです。しかも、ここは何度も繰り返される大事なポイントです。そこでストリングスやベース・ラインを考える際も、そのおいしい部分が引き立つように形を考えていきました。

筒美さんは当時、オケを録るときは必ず来てくださっていました。そして、「こうしたらいいんじゃない？」といろいろなアドバイスをいただけたので、そこから学ぶことはとても多かったです。時には一緒にご飯を食べに行ったりもして、単なる作曲家とアレンジャーという関係以上にいろいろ教えていただきました。

「3スタ」のNEVE

「あなたを・もっと・知りたくて」は、東京の赤坂にあった東芝EMIの本社ビ

＊5
ベース音が半音で下行していきつつ
このコード進行では曲のハーモニーの最低音となるベースが"ファ→ミ→ミ♭→レ"と下がっていく。

ルのスタジオ、〝3スタ〟で録音しました。今はビル自体が存在していませんが、ここは素晴らしいスタジオだったんです。NEVEの卓(*6)があって、温かくて太い音がしました。

エンジニアは東芝EMIの河田為雄さんで、この方のレコーディングも素晴らしかったですね。ですから、この曲は〝3スタで河田さんに録ってもらった音〟というイメージが強く残っています。

これまで、いろいろなスタジオでセッションしてきましたが、やはり〝そのスタジオでないと出ない音〟があります。3スタはその中のひとつです。そして、当時はレコード・メーカーに優秀なエンジニアの方が所属されていて、レコーディング環境がとても充実していました。

§

薬師丸さんは、まさに〝鈴を転がすような声〟。僕が関わってきたアイドルの方は役者さんが多かったのですが、薬師丸さんもそうですよね。ですから、普通は照れくさくて言えないようなセリフも見事にハマるんです。そうした表現力というのは、今聴いてもすごく魅力的だと思います。

2013年には、映画デビュー35周年を記念したコンサート「─時のトビラ─ 35th Anniversary Concert」が開かれて、僕は音楽監督を務めさせていただきました。

*6
NEVEの卓
NEVE(ニーブ)は1960年代から70年代にかけて、世界中のレコーディング・スタジオで愛用されたミキシング・コンソール(=卓)のメーカー。現在でも人気は高く、ミキシング・コンソールの一部を抜き出したパーツはレコーディング等でよく使われている。

その1曲目に歌われたのが「あなたを・もっと・知りたくて」。28年も経ってから、自分の演奏で彼女が歌うなんて、当時は全く想像もつきませんでした。まさに感無量のステージでした。

SONG **03**

「Rainy Blue」

ARTIST

徳永英明

WORDS
大木 誠

MUSIC
徳永英明

ARRANGEMENT
武部聡志

RELEASE
1986年1月21日

FORMAT
シングル

LABEL
ラジオシティレコード

声と歌詞の温度感を
パッド・サウンドで表現

「Rainy Blue」もいまやスタンダードと呼べる曲になりました。この曲のキーワードは“AOR”。歌詞からインスパイアされたイメージが、サウンド・カラーとなっています。

デイヴィッド・フォスター+ブルー・アイド・ソウル

徳永英明君のデビュー曲、「Rainy Blue」がリリースされたのは1986年で、「SONG 02」で取り上げた「あなたを・もっと・知りたくて」よりも半年ほど後のことになります。

この曲のサウンドには、当時僕が好きだった洋楽の影響があります。AOR、それもデイヴィッド・フォスターとその影響を受けたブリティッシュのブルー・アイド・ソウルみたいなサウンドをミックスしたかったのだと思います。

特に、デイヴィッド・フォスターがバラードでみせるようなピアノとエレキをユニゾンさせるスタイルとパッドによる浮遊感を、当時のブルー・アイド・ソウルと混ぜて、自分なりに表現したのがこの作品と言えるでしょう。

〝この曲にはこれしかない〟というイントロ

徳永君はシンガー・ソングライターですから、恐らく彼からデモをもらったのだと思いますが、その辺りのことはあまりよく覚えていません。本人がピアノかギターだけで作ったようなデモだったように思います。

また、アレンジのイメージについても本人と会話した記憶があまりないので、多分、当時のディレクターと打ち合わせをしたのだと思います。何しろ徳永君もデビューの時期ですから、それほどアレンジに積極的に関われる感じではなかったのだと思います。

いずれにしろ、この曲は「卒業」と違ってイントロや間奏などを、すべて僕が考えました。今から考えると、この曲のイントロのコード進行は少し変わっているかもしれません。ちょっと書き出してみましょう。イントロの最初の4小節は次のようなコード進行になっています。

E→F♯／E｜A／E→E

E→F♯／E｜Am／E→E

この後からAメロに入るのですが、ベース音（＊1）がすべてE音になっています。これが自分なりのこだわりだったのでしょう。簡単なコードにするよりも、ちょっとトリッキーにしたかったんだと思います。

イントロは曲のイメージに大きく関わります。例えば、久保田早紀さんの「異邦人」のイントロはものすごくキャッチーで、もはやあのイントロ以外は考えられないと思います。「Rainy Blue」も、これだけ世の中に知られる曲になると、このイントロありきの曲ではないかなと思います。

＊1
ベース音
ここではコードの最低音のことを指す。このイントロでは〝F♯／E〟〝A／E〟というコードが使われているが、これらは〝E音の上でF♯やAのコードを弾く〟という意味で、〝分数コード〟と呼ばれている。

ともあれ、イントロを考えるときは〝この曲にはこれしかない〟と思ってもらえるようなフレーズやサウンドを考えたいといつも思っています。

〝濃い目のブルー〟を表現するサウンド

この曲でも「卒業」と同じように歌詞からインスパイアされた部分があります。例えばサビ直前の歌詞、「ふと足を　止める」と「ふと瞳を　ふせる」のあとのリズムに少しだけ隙間があって、そこはパッドだけになるんです。サビ前なので普通だったらドラムのフィル(*2)を入れたくなると思うのですが、あえて間を置いたんですね。これは結構こだわった部分です。

アレンジの構成としては弦も入っていないし、コーラスも本人によるハモリ以外は入っていないという極めてシンプルなアプローチです。でも、これくらいの温度感が德永君のたたずまいに合っているのではないかと思いました。

サウンドが喚起させる景色としては〝濃い目のブルー〟という感じでしょうか。水色というよりはちょっと青白い夜の、濃い目のブルーがベースにあって、そこに青白いヘッドライトの明かりがあり、雨に煙っているみたいな世界……。このイメージも、もともとは歌詞に影響されたものですね。

このアレンジに生のストリングスを入れると、多分、温度感がもっと高くなって

*2
フィル
〝フィルイン(fill-in)〟の略で、装飾的なフレーズのこと。日本語では「おかず」とも言う。ドラムの場合であれば、スネアを連打したり、タムを加えたフレーズをたたいたりすることが多い。

ドラマティックになりすぎるような気がします。それだと徳永君の声には合わないように思ったんですね。シンセによるパッドくらいの感じのほうが、雨に煙っている感じというか、ブルーな色合いにふさわしいと当時は判断したのだと思います。

エレピとピアノを重ねる手法

冒頭でもお話しましたが、この曲は僕のアレンジの中で最もデイヴィッド・フォスターを意識しているかもしれません。

フレーズもそうなのですが、サウンドでも影響を受けている部分があります。それは、歌が入るところからのピアノで、ここはエレピ（＊3）とピアノを重ねているんです。先にエレピを弾いて、同じフレーズをピアノで入れています。エレピはRHODESだったと思いますが、ピアノはもしかしたらシンセの音色かもしれません。

この手法は当時のデイヴィッド・フォスターが得意としていたものです。とても印象的だったので、自分でもやってみたかったんだと思います。

もうひとつ特筆すべきは、後半でサビを2回繰り返すその間に、ロングトーンから〝ヒュルルルルルルー〟と音程が下がってくるシンセの音です。あれはグリス（＊4）では段階的にしか音程が変わらないので無理なんです。そこで、僕は演奏しな

＊3
エレピ
エレクトリック・ピアノの略。

＊4
グリス
グリッサンドの略。鍵盤楽器の場合は、鍵盤上を高速で指を滑らせて演奏する。

がらprophet-5(*5)のVCO(*6)のツマミを回しました。

これもやはりAORの曲で聴いて、やってみたいと思った手法です。多分、デイヴィッド・フォスターだったと思いますが、もしかしたらボズ・スキャッグスだったかもしれません。ピッチ・ベンド(*7)などいろいろ試してみたんですけど、結局、つまみを回すのが一番近い音になりました。

シンセはすべて手弾きで

この曲ではシーケンサーを使わず、シンセもすべて自分で手弾きしました。ドラムも全部生です。パッドは数種類の音色を使っています。曲の構成として、最後の最後に出てくる「あの頃のやさしさに」から始まる大サビで一番ドラマティックなパッドを入れたいと思ったので、そこから逆算して考えていきました。ですから、曲の最初のほうはフワっとした軽めのパッドにしています。

パッドのシンセはEmulatorか、大サビのところはPPG Waveのボイス系のパッドのように思います。これもマニピュレーターの方と一緒に作業しました。

ちなみに、僕は当時から自分でシンセを買ったりはしていませんでした。機材は日々進歩していましたし、シンセサイザー・マニピュレーターという職業の方がいらっしゃったので、自分で買っても仕方ないと思っていたんです。

*5
prophet-5
「プロフェットファイブ」。SEQUENTIAL CIRCUITS(シーケンシャル・サーキット)社のアナログ・シンセサイザー。1970年代から1980年代にかけて多くのアーティストに使用された有名モデル。

*6
VCO
シンセサイザーの機能の一つ。「ブイシーオー」。音色の元となる波形を選んだり、基本となる音程を決める部分。ここでは恐らくピッチを調整する〝FREQUENCY〟のつまみを回したのではないかと思われる。

*7
ピッチ・ベンド
これもシンセサイザーの機能の一つ。レバーやホイールなどでピッチを変化させられる。

マニピュレーターの方がスタジオにシンセを用意くださって、一緒に音色を選んでいくのですが、それも時間のかかる作業でした。先に録ったドラム、ベース、ピアノ、ギターなどのリズム隊の音色と曲のシーン展開を考えて、それらに最もふさわしいパッドはどういう音がいいんだろうと何種類も試していました。〝もうちょっと明るい音〟とか、〝もう少しこもった音〟とか、けっこう大変でしたね。

ちなみに、2011年にリリースされた徳永君のアルバム『VOCALIST & BALLADE BEST』には「レイニー ブルー～25th Anniversary Track～」が収録されています。これは新しくレコーディングし直したのですが、アレンジはオリジナルと同じにしてほしいと言われたんです。

しかし、当時とは機材も違いますし、レコーディングのクオリティも上がっているので、同じ質感のサウンドにするのは非常に難しかったです。聴き比べてもらうと面白いと思いますが、結果としてはけっこう違う仕上がりになっています。

§

この曲も「卒業」と同じく今でも聴かれ続けているスタンダードなナンバーになりました。アレンジのキーワードは〝AOR〟ですが、当時の海外のAORはもっと一つ一つの音がくっきりとしていて、リズムもタイトだったと思います。それに比べると「Rainy Blue」はもっとにじんだ感じの音ですね。これはやはり歌詞から導かれたサウンドだったからだと思います。

「Rainy Blue」のマスターリズム譜
「マスターリズム」とは曲の構成やコード進行を記した楽譜のこと
なお、この楽譜はオリジナル時ではなく、
「レイニーブルー ～25th Anniversary Track～」のレコーディングで用いられたもの

SONG 04

「瑠璃色の地球」

ARTIST

松田聖子

WORDS
松本 隆

MUSIC
平井夏美

ARRANGEMENT
武部聡志

RELEASE
1986年 6月1日

FORMAT
アルバム
『SUPREME』収録

LABEL
CBS・ソニーレコード

プログレ的なコンセプトを背景にした
歌詞世界を具現化するストリングス・サウンド

「瑠璃色の地球」は合唱曲として広く歌われている曲です。また、今でも多くのアーティストの方にカバーされ続けています。この曲もまた“スタンダード”と呼べる作品と言えるでしょう。

松本隆さんからのオファー

「瑠璃色の地球」は、松田聖子さんのアルバム『SUPREME』の最後に収録されている曲です。

このアルバムは松本隆さんがプロデュースされていて、当初は丸々一枚アレンジしてほしいというオファーをいただきました。しかし、スケジュールの都合で、残念ながら10曲中5曲しか参加できませんでした。

松本さんとは「卒業」や「あなたを・もっと・知りたくて」などでご一緒させていただいたわけですが、仕事を重ねるたびに、言葉から導き出される世界観を重視される方という想いを強くしていきました。この作品でアレンジのご依頼をいただけたのも、僕のことを〝歌詞の世界を音像として形にできるアレンジャー〟と認識してくださっていたからだと思います。

アルバムの最初の曲と最後の曲

全曲には参加できなかったものの、せっかくアルバムをご一緒させていただけるということで僕のほうからひとつお願いをしました。それは、〝最初の曲と最後の曲はぜひ僕にやらせてください〟ということです。その1曲目は「螢の草原」という曲なんですけど、イントロに入っているシンセの音は、「瑠璃色の地球」のエンディングに入っているシンセと同じ音を使っています。確か〝ワイングラス〟という名前の音色だったと記憶しています。ワイングラスのフチをこするような音ということですね。

2曲ともリズムを録った後にアルバムの曲順を決めて、それから同じ音を入れることを決めたんだと思います。ある音で始まって、同じ音で終わることで、アルバムの最初と最後がつながる、いわばプログレ的なコンセプトのアプローチです。

バラード・アレンジの原点

このアルバムは今聴いてもすごくよくできていると思いますが、特に「瑠璃色の地球」は、僕のバラード・アレンジの原点かもしれません。ピアノと弦で世界観を作って、そこにリズムが入ってくるという流れは、この辺りから始まっているように思います。

聖子さんとお仕事させていただくのは、このアルバムが初めてでした。聖子さんの声はものすごく存在感がありますよね。少しハスキーなところもあって、そこもすごくいいんです。

しかも、このアルバムはいわゆる〝アイドル〟という立ち位置から脱皮しようとしている時期の作品でした。そこで、僕はそれまでの作品のような〝明るく天真爛漫〟だけではないアルバムにしたいと思って取り組みました。

特徴はサビのストリングス

この曲では生のストリングスを使いました。シンセの弦で表現するイメージではなかったということだと思います。編成は4／4／2／2（＊1）で、当時はそれがポピュラーでした。

ストリングスのアレンジに関して、僕は全くの独学です。音楽大学には通いましたし、オーケストラの楽器に関する基礎は習得しましたが、ストリングス・アレンジを専門に学んだわけではありません。それよりもむしろ、バック・バンド時代にいろんな先輩方のスコアを見せていただいて、そこから吸収したことがとても大きいと思います。

例えば、久保田早紀さんの「異邦人」は萩田光雄さんがアレンジされていますが、弦のスコアを見せていただいて、〝こういう風にスコアリングするんだ〟と思ったことを覚えています。これはバック・バンドを経験した利点の一つです。いろんなアレンジャーの方のアプローチを譜面で見られるわけですから、これが一番勉強になったと思います。

＊1
編成は4／4／2／2
一般的にストリングスは複数のバイオリン、ビオラ、チェロで編成される。その人数を表すのが〝4／4／2／2〟などの数字で、この場合は第1バイオリンが4人、第2バイオリンが4人、ビオラが2人、チェロが2人という意味。

この曲のストリングス・アレンジで特徴的なところは、サビの途中から高い音域を使っているところです。サビの最初にある「朝陽が水平線から」の部分はまだ低い音域で、「二人を包んでゆくの」のところから高い音域を使っています。

音楽的に考えれば、サビの最初から高いところへいくのが自然だと思いますし、今だったらそうすると思います。でも、この時は「朝陽が水平線から　光の矢を放ち」という歌詞を聴かせた後に、そのイメージを表現する高い音域のストリングスが入るという形にしたかったんだと思います。詞を受けてからその世界観を音にするというアプローチですね。

また、1番はピアノと弦で構築しているのですが、2番のAメロには弦とピアノが入っていなくて、シンセのアルペジオが中心になっています。これは自分でも不思議ですね。なぜなんだろう？（笑）。

このアルペジオのバックでコードを演奏しているのはDX7のエレピ音色です（＊2）。恐らくここは生のピアノのイメージではなかったのだと思うのですが……もしかしたら、このアルペジオはチェンバロ的なイメージだったのかもしれません。音色はシンセですが、フレーズ自体はチェンバロを思わせる少しクラシカルな雰囲気があります。

そのクラシカルなイメージは、大サビのマーチングみたいなスネアにも結びついていますね。ちょっとラヴェルの「ボレロ」みたいですよね。ギターのディストーショ

＊2
DX7のエレピ音色
DX7にはエレクトリック・ピアノの音色がプリセットされていた。これは、さまざまな楽曲で使用され、ミュージシャンの間では〝DXエレピ〟の名で親しまれた。きらびやかなサウンドが特徴。

ンの雰囲気やコード展開からもクラシカルな匂いがしてきますし、最後に〝ワイングラスをこすった音〟で終わっていくという部分も含めて考えると、やはり全体的にプログレ的な要素が強いと感じます。

松本隆さんの歌詞のすごさ

プログレ的なアプローチになったのは、松本さんの歌詞の影響も大きいと思います。まず「瑠璃色の地球」という言葉自体がとても素晴らしいと感じました。「朝日が水平線から　光の矢を放ち」という部分などもすごく映像的です。

「瑠璃色の地球」からはそれてしまいますけど、はっぴいえんどの「風をあつめて」という曲の松本さんの歌詞を聴いて、〝こんなすごい表現をする人がいるんだ!〟と愕然としたのを思い出します。例えば、「緋色の帆を掲げた都市が　碇泊してるのが　見えたんです」という部分。〝すごいなぁ〟と思いました。あんな言葉を普通は書けないと思うんです。

心の中のこと、つまり心象風景を描くのが得意という方はたくさんいらっしゃいます。でも、実際の景色を切り取って言葉にしていくという点においては、松本さんの右に出る人はいないのではないでしょうか。

これは恐らく、松本さんがはっぴいえんどという日本語ロックのパイオニアのバンドにいたということが大きいんだと思います。だから描く世界も単純なラブソングにはならないのではないでしょうか。歌詞の中に登場させる小道具や景色の描き方で、そうではない方向にできてしまうんです。そこがすごいと思いますし、アレンジャーとしてもやりがいを感じる部分です。〝この詞に負けないようなオケを作らないといけない〟と思わされます。

ちなみに、この曲のエンジニアは、松本隆さんの弟さんである松本裕さんです。この方は「卒業」をはじめ、斉藤由貴さんの初期の作品でもご一緒させていただいたので、僕の構築する世界観を既にわかってくださっていました。それでサウンドがうまく仕上がったのだと思います。

音でストーリーを綴るアプローチ

「瑠璃色の地球」などアレンジャーとして初期の作品を聴き返してみると、もちろん成長している部分はあるんですけど、変わらないところもすごくあるなと感じます。

特に歌詞にそって音でストーリーを表していく、音で展開を作っていくというのは、今でも変わらず意識していることです。例えばその曲が4分だったとして、その中でどういう起伏、カーブを描いていくかというのは、当時いつも考えていましたし、今でも変わらずに考えています。その具体的な方法は演奏であったり、コード展開であったりと、曲によってさまざまですけど。ですから、切り張りしたような音楽はあまり好きではないんです。

曲の流れを大切にするという姿勢は、その後、プロデューサーとして歌入れをするようになってからも一貫してとり続けています。例えば、僕は歌を分割して録ったりはしません。〝Aメロだけ先に完成させて、後でサビを録りましょう〟という録り方を僕はしないんです。どんなにつらくても最初から最後まで歌ってもらいます。なぜなら、〝このセクションを歌ってきたからこそ出る、このセクションの表情〟というのが必ずあるからです。ある一部分だけを歌ってもらっただけでは生まれない表情が、1曲を通して歌うことによって絶対に出てきます。それはすごく大事にしています。これはもう理屈ではないし、ピッチが合ってるとか、合っていないといったテクニカルな問題でもありません。そして、このことをボーカリストの方にお話すると、みんな頑張ってやってくれます。

これは歌だけでなく、楽器も同じです。曲を通して演奏してきたときに生まれる表情、それを僕は引き出したいんです。

§

松田聖子さんは、ステージでバック・バンドを務めさせていただいたこともあります。実は斉藤由貴さんもファースト・ツアーに音楽監督として参加させてもらいました。そう考えると、やはり自分がミュージシャンとして楽器を弾いて、アーティストとコミュニケーションを取るというのが、僕のアレンジの基本にあるんだなと感じます。

INTERLUDE

マイク選びもプロデューサーの仕事

レコーディングでは、エンジニアの方にいろんなことをリクエストしますが、中でも歌のマイク選びはすごく重要です。歌は楽曲の中で一番前に出てくるものですからね。

どんなマイクが良いのかはアーティストの声質によって違いますが、例えば、「普段はこのマイクを使っているけど、この曲だったらこっちを試してみようか」ということもあります。本番の歌入れの前に、ボーカリストの前にマイクを3本くらい立てて、それを切り替えて聴いてみるんです。そのオケに対して歌がどう聴こえるかというのを判断するわけですね。「これはC-800G(*1)がいいな」とか、「このオケだったらC12(*2)のほうが向いているかも」といった具合に判断していきます。ちなみに、自分で切り替えて聴いていると分からなくなってしまうので、切り替えはエンジニアの方にやってもらいます。そして、エンジニアやアーティストとも相談しながら、一番良いマイクを選んでいくのです。

*1
C-800G
SONY製のマイク名。内部で真空管が使われている。

*2
C12
マイクやヘッドフォン製品で知られるオーストリア発のブランド、AKGを代表するビンテージ・マイク。こちらも真空管が使われている。

SONG 05

「流星のサドル」

ARTIST

久保田利伸

WORDS
川村真澄

MUSIC
久保田利伸

ARRANGEMENT
武部聡志

RELEASE
1986年9月10日

FORMAT
アルバム
『SHAKE IT PARADISE』収録

LABEL
CBS・ソニーレコード

打ち込みのキックをメインに据えた
ハイパーかつスクエアな80's サウンド

「流星のサドル」は打ち込みを全面的に使用したタイトでスクエアなリズムが特徴となっています。久保田利伸君の素晴らしい歌唱力があるからこそ、僕も〝攻める〟ことができたアレンジの楽曲です。

デビュー前から一緒にバンド活動

『流星のサドル』は久保田利伸君のデビュー・アルバム『SHAKE IT PARADISE』の1曲目に収録されている曲です。

久保田君はデビュー前から、キティミュージックというレーベルで、作曲家としていろいろな歌手の方に曲を提供していました。これは当時のキティの特徴なのですが、ソロ・デビューする前に作家活動をする時期があったんです。例えば、玉置浩二君もそうです。そして、その頃、僕もキティの方々と親しくさせていただいていたので、久保田君が作った曲のアレンジをしたり、僕のアレンジにコーラスで来てもらったりしていました。例えば、斉藤由貴さんの「土曜日のたまねぎ」は、久保田君がコーラスで参加しています。

そんな久保田君が満を持してデビューするにあたり、まずはライブを一緒にやることになりました。デビューを1年後に控えた辺りから、全国のディーラーに向けて、コンベンションのような形で歌を届けに行くという活動を始めたんです。僕はそのバンドのバンマス（*1）として一緒に全国を回りました。

当時、既にレパートリーとして20〜30曲くらいはあったと思いますが、「流星のサドル」はライブのときには演奏していませんでした。例えば同じアルバムに収録されている久保田君の代表曲の一つ、「Missing」は既にありましたね。です

*1
バンマス
バンド・マスター（bandmaster）の略で、バンドのリーダーのこと。

から、「流星のサドル」はレコーディング用に書き下ろした曲だと思います。

「Rockit」を参考に

久保田君のデモは、恐らくピアノと歌という感じだったと思います。そこで、リズムやベースのフレーズなどはすべて僕が作りました。そのアレンジの中で、一番の特徴はドラムです。この曲はキックだけを打ち込みにして、それ以外のハイハットやスネアなどは生ドラムにしました。これは最初からそのように計画して作っていったのです。

僕がこのアレンジのヒントにしたのは、ハービー・ハンコックの「Rockit」でした。この曲ではキックのすごい連打が使われていて、そういうのをやりたかったんです。

また、アル・ジャロウの「レイジング・ウォーターズ」の影響もありました。イントロのベースのフレーズなどは、この曲がヒントになっていますね。

久保田君はもちろんブラック・ミュージックが大好きで、例えばスティーヴィー・ワンダーなども大好きなんですけど、「流星のサドル」はちょっとハイパーな方向にしたかったんです。ソウル的な横ノリのグルーブではなくて、カチッとしたスクエアなビートにしようと思いました。

もともと彼はデビュー前から〝すごいボーカリストがいる〟と業界の中で話題になっていて、彼の作ったデモ・テープも出回っていたんです。その印象からか、どうしてもスティーヴィー・ワンダー・フォロワー的な見られ方をしていました。そこで、この曲のアレンジは、そのイメージから少し離れた攻撃的な感じにしたいと思ったんです。〝ただソウル・ミュージックをやるんじゃなくて、ちょっと新しいことをやろう〟という気持ちですね。それまでの日本のポップス・フィールドにない感じを出したかったんです。そういう僕の目指している方向性を、久保田君も理解してくれました。

歌声ありきの攻めたアレンジ

レコーディングは久保田君のライブに参加していたバンド・メンバーが中心でしたが、ギターは鳥山雄司君にも弾いてもらいました。

そしてこの曲は、僕のアレンジにしては珍しくピアノレスというのも特徴ですね。全部シンセで作ろうと思ったんです。

キックの打ち込みに使ったリズム・マシンはＬｉｎｎ９０００（＊2）だったと思います。また、サビの直前などに入っているシンセ・ブラスにはゲート・リバーブ（＊3）をかけて1拍でリバーブが切れるようにしました。これは80年代にはやった手法で

＊2
Ｌｉｎｎ９０００
１９７０年代後半から１９８０年代にかけて人気を博したドラム・マシンのメーカー、ＬＩＮＮ（リン）社の最後の製品。ほかにＬｉｎｎＤｒｕｍ（リンドラム）のシリーズが有名。開発者のロジャー・リンは現在、Ｒｏｇｅｒ Ｌｉｎｎ ＤＥＳＩＧＮにてギター用エフェクターやドラム・マシンをリリースしている。

＊3
ゲート・リバーブ
余韻を加えるリバーブという効果を加えた上で、ゲートというエフェクターでその余韻をあるタイミングでスパっと切るという手法。スネアなどで多用された。

デヴィッド・ボウイの「レッツ・ダンス」の影響だろうと思います。シンセ・ブラス自体も当時のサウンドの特徴かもしれません。今はあまり聴かれませんよね。コード・バッキングしているシンセはOBERHEIM(*4)のもので、マリンバみたいな音で刻んでいるシーケンスはEmulatorⅡです。

これらのシンセはほとんど打ち込みだったと思います。白玉(*5)のバッキングなどはもしかしたら手弾きかもしれませんが、イントロのベースなども含めてほとんどがシーケンスです。もともとキックを打ち込みで入れて、それに合わせてハイハットやスネアもたたいてもらっているので、シンセもシーケンスにしたほうが縦の線がきっちりそろってタイトになり、手弾きよりもエッジを効かせられますからね。

僕が手掛けた中でも、この曲はかなり攻めたアレンジの部類に入ると思います。特にサウンド作りで意識したのはスピード感です。また、冒頭でも触れていますが、久保田君のようなボーカリストだからこそ〝攻める〟ことができたアレンジとも言えると思います。もし、もっとフワッとした歌声のボーカリストだったら、やはりこういうサウンドにはならないでしょう。久保田君なら攻めたアレンジでも自分のグルーブで歌ってくれるという安心感がありました。

§

ここまでにお話した通り、この曲のアレンジも、海外の打ち込みを使った音楽からさまざまに影響を受けています。当時はナイル・ロジャースのプロデュース作品

*4
OBERHEIM
「オーバーハイム」。1970年代から80年代にかけて数々の人気製品を輩出したシンセサイザー・メーカー。2016年に、開発者のトム・オーバーハイム自身が復刻を手掛けたTwo Voice Pro Synthesizerが発売されたことでも話題となった。

*5
白玉
2分音符以上の長い音符のこと。

とか前述したデヴィッド・ボウイの「レッツ・ダンス」、マドンナの「ライク・ア・ヴァージン」などのアプローチが好きだったので、そうしたエッセンスを入れたいという気持ちもあったんでしょう。何しろ、スティーヴィー・ワンダーですらドラムを打ち込みにしていた時代ですから。ただ国内でも、大沢誉志幸さんや岡村靖幸さんなど、新しいことをやっているアーティストの方が出てきていて、そういう人たちのサウンドは気にしていました。

また当時は後藤次利さんのアレンジがすごく好きでした。僕はもともとサディスティック・ミカ・バンドが大好きで聴いていたんです。後藤さんはアイドル作品も手掛けられていますが、その頃は従来とは異なる新しいアイドル・ポップスのサウンドを生み出そうとされていたのかなと思いますね。先日も工藤静香さんの「嵐の素顔」を聴き返してみたんですけどカッコいいんです。この曲は作曲とアレンジが後藤さんなのですが、「ドラムは誰なんだろう?」と思ったら、打ち込みなんだそうですね。やはり、80年代は打ち込みを効果的に使ったアレンジが多かったのだと思います。

SONG 06

「どしゃ降りWonderland」

ARTIST

今井美樹

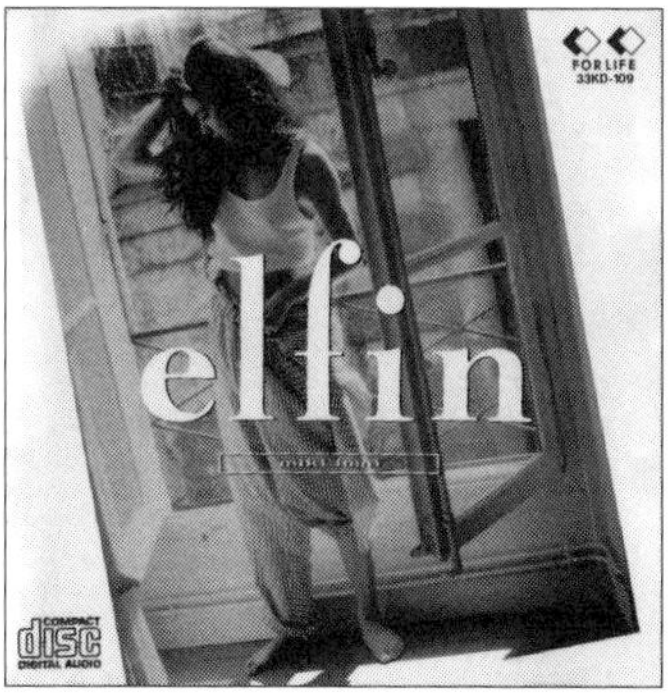

WORDS
戸沢暢美

MUSIC
武部聡志

ARRANGEMENT
武部聡志

RELEASE
1987年9月21日

FORMAT
アルバム
『elfin』収録

LABEL
フォーライフレコード

スウィング・アウト・シスターから
スクリッティ・ポリッティまで
80'sポップのエッセンスを凝縮したアレンジ

この曲はアレンジだけでなく、作曲も手掛けさせていただいています。当時、僕が好きだった洋楽の影響が色濃い、生演奏と打ち込みをミックスしたサウンドが特徴と言えるでしょう。

久保田利伸のライブがきっかけ

「どしゃ降りWonderland」は、今井美樹さんのセカンド・アルバム『elfin』の1曲目に収録されています。この時期では珍しく、アレンジだけでなく作曲も依頼されました。このアルバムでは「ふたりでスプラッシュ」も僕の作編曲です。

今井さんは歌手としてデビューする前から、モデルや女優として活動されていましたが、そのころにユーミンの現場に遊びに来たことがあって、そこで初めてお会いしました。彼女はユーミンがすごく好きなんですよね。

その後、僕が久保田利伸君のバンドで演奏していたライブを観に来てくれて、それがお声がけをいただけるきっかけになったようです。また、僕がユーミンの音楽監督(*1)をやっていたことも大きかったのかもしれません。彼女としても、セカンド・アルバムを作るということで、アーティストとして主体性を持って好きな音楽に取り組みたいと思っていた時期だったのかもしれないですね。

また、この時期の今井さんはフォーライフレコードの松田直さんというディレクターの方と本当に二人三脚という形で活動されていました。ディレクターというよりもスポーツでいうコーチのような感じでしたね。僕がその松田さんとすごく意気投合したということも、作編曲で依頼していただけるきっかけになったのだと思います。そして、この作品以降もアルバムを出すごとにお声がけをいただくようにな

*1
ユーミンの音楽監督
1983年のツアー「REINCARNATION」から現在に至るまで、松任谷由実のステージで音楽監督を務めている。

りました。

ブラスは生と打ち込みのミックス

この曲のメロディは、斉藤由貴さんのレコーディングでハワイに行ったときに作りました。曲先で、歌詞は後から付けてもらっています。あの時代のすごくキラキラしたポップな色合いと、今井さんの飾らない自然体のかわいさや美しさを、音楽でうまく表現したいと思って作った作品ですね。レコーディングはサウンドインスタジオで行いました。

サウンドの方向性としては、いわゆるアイドル・ポップスとはちょっと違うものを目指していたと思います。僕が手掛けた作品の中でいえば、久保田利伸君の「流星のサドル」に通じるものがあるかもしれません。

楽器的にはブラスを多用しているところが特徴です。この本で取り上げている曲の中では一番ブラスが目立っているのではないでしょうか。

しかも、シンセのブラス音色と生、つまり本物のブラスを使い分けていて、両方をミックスしているところもあります。例えば、イントロのテーマはシンセと生の両方を混ぜています。生では絶対に吹けないような速いフレーズの部分はシンセ・ブラスですね。

またベースも、エレキ・ベースとシンセ・ベースの両方を使っています。16分音符の速いリフはシンセ・ベースにして、大きなノリは生のエレキ・ベースで出すというスタイルは、「流星のサドル」と同じです。

こんな風に生演奏と打ち込みをミックスしてサウンドを構築していくアプローチは当時多かったと思います。この時代の色のひとつですね。シンセに関しても1個の音色だけではなくて、数種類の音をミックスするということをよくやっていました。

ちなみに弦も生とシンセを併用していた時期があったんです。メインは生だけれど、厚みを出すためにシンセを混ぜるとか、生だけだと音色的にちょっと面白くないからシンセをエフェクト的に使うとか、いろいろなことを試していました。

ミュージシャンのセレクトもアレンジャーの仕事

この曲のドラムは、「流星のサドル」と同じで江口信夫君がたたいています。彼とは久保田君のバンドで一緒だったんです。もともと今井さんは、久保田君のライブを観に来て僕にアレンジを依頼されたので、この曲でもお願いしました。

ちなみに、ミュージシャンのセレクトもアレンジャーの役割の一つです。その楽曲に合うミュージシャンを考えて依頼していくわけですが、当時は本当に優秀なミュージシャンの方が、多くのセッションに参加していた時代でした。ミュージシャンの人数自体も多かったし、みんなものすごく忙しかったですね。〝どうしてもこの曲はこの人にやってほしい〟という場合は、まずそのミュージシャンのスケジュールを確認して、その人に来てもらえる日程でレコーディングするということもありました。

アリフ・マーディンに憧れて

この曲のサウンドの全体的なムードは、スウィング・アウト・シスターやバーシアといったアーティストに影響されていると思います。華やかでオシャレな世界観をやってみたかったんでしょうね。

あと、僕はトレヴァー・ホーンが好きだったのですが、その影響も感じられます。ブラスのリバーブやサウンド全体の攻撃的な感じはトレヴァー・ホーンが手掛けたレーベル、ZTTレコーズの雰囲気に近いかもしれません。またシンセの刻みなどはスクリッティ・ポリッティのアプローチに近いですね。僕はスクリッティ・ポリッティも大好きだったんです。

そもそも僕は、「一番大好きなプロデューサーは誰ですか?」と尋ねられたら、「アリフ・マーディン」と答えるんですけど、その彼がスクリッティ・ポリッティの代表作『キューピッド&サイケ85』を、メンバーとともに共同プロデュースしているんです。

アリフ・マーディンはアレサ・フランクリン、ダニー・ハサウェイ、チャカ・カーンといった大御所から、近年ではノラ・ジョーンズなど、とにかくいろいろなアーティストと一緒に仕事をしている人で、イスラエル出身の歌手オフラ・ハザともいい仕事をしています。

彼の特徴は、ジャンルにとらわれない音楽性の幅広さはもちろんなのですが、それだけではありません。時代の匂いみたいなところは押さえつつも、時代を超えてスタンダードとなりうる普遍性をいかに作品に持たせるかということをすごく考えたプロデュース・ワークが魅力です。これは時代のサウンド感を追い求めるプロデューサーとは一線を画すところですね。

これだけさまざまなジャンルのアーティストが信頼して作品を託すということは、とても包容力のある人なんだろうなと思います。もちろん、一緒に仕事したことはないのでわからないですけど(笑)。だから、僕もそういうプロデューサーになりたいなと当時から思っていました。

ちなみに、80年代のスター・プロデューサーといえば、やはりクインシー・ジョーンズが筆頭に挙げられるかと思います。彼が手掛けたマイケル・ジャクソンの『スリラー』の大ヒットは、その後のポップスに大きな影響を与えましたから。でも、僕はクインシーよりもアリフ・マーディンのほうが好きでした。クインシーは彼の色が強いというか（笑）。僕は自分の色を押し付けるとか、自分の色の中でアーティストにパフォームしてもらうのではなく、アーティストの色合いを膨らませていくスタイルを目指したいということは、当時から意識していました。

§

2006年に今井美樹さんの歌手デビュー20周年を記念したアルバム『Milestone』がリリースされたのですが、これは僕がプロデュースさせていただきました。また、2010年には今井さんと4人の女性アーティスト、小野リサさん、川江美奈子さん、土岐麻子さん、手嶌葵さんがコラボレーションするコンサートが開かれて、僕は音楽監督を務めさせていただきました。実は、このとき初めて、本書の「SONG 18」でお話する手嶌葵さんとお会いしています。

そんなふうに今井さんとは折りに付けご一緒させていただいています。ずいぶん長いお付き合いになりましたが、「どしゃ降りWonderland」はその出会いのナンバーとして、今でも思い出深い一曲です。

INTERLUDE

ギタリストであり、ベーシストでもあり

本書の「SONG 19」でも少しだけお話をしていますが、ギターは小3から始めました。当時はベンチャーズ・ブームだったのでエレキから入りましたね。昔はレコーディングで弾いたこともあります。

ギターだけでなく、ベースもレコーディングで弾いていますよ。SURFACEのデビュー・シングル『それじゃあバイバイ』は、僕がベースです。SURFACEのギタリスト、永谷喬夫君と村石雅行君のドラムのスリー・リズムでベーシックを録りました。ほかのアーティストでも、僕がベースを弾いているケースが何曲かあります。

ちなみに、自分でギターを買うことはありません。良いギターを持っている人が周りにいっぱいいるので借りたほうがいいんです（笑）。仕事場にはアコギが置いてありますが、それも特にこだわりはなくて、フレーズを考えられればそれで問題ありません。種類は何でもいいんです。そういう意味での楽器へのこだわりはないですね。そもそも、僕は自宅にはピアノすら置いてませんし。もちろん、仕事場にはありますけど、趣味で楽器を買うということは僕にはないんです（笑）。

SONG **07**

「危険な女神」

ARTIST

KATSUMI

WORDS	MUSIC
渡辺克己	渡辺克己

ARRANGEMENT
武部聡志

RELEASE
1990年7月25日

FORMAT
シングル

LABEL
パイオニアLDC

有名CMのタイアップを勝ち取った 初の本格的アーティスト・プロデュース作品

この頃から僕はアレンジだけではなく、“プロデューサー”という形でアーティストと向き合うことが多くなりました。そのきっかけがKATSUMI君です。このとき初めて、僕はプロデューサーとしてデビューしたと言えるでしょう。

レコード会社が決まる前からデモ制作をスタート

「危険な女神」はKATSUMI君のセカンド・シングルで、それより3カ月前に発売されたデビュー・アルバム『Shining』の1曲目にも収録されている曲です。いずれも、僕がプロデューサーとして制作に参加しました。

それまでにも、斉藤由貴さんのアルバムなどで丸ごと一枚のプロデュースを手掛けたことはあったのですが、それはアレンジャーの延長としてのサウンド・プロデューサー的な側面が強いものでした。しかし、KATSUMI君の場合は、本格的な〝アーティスト・プロデュース〟という形で取り組ませていただきました。

そもそもは、あるレコード会社のディレクターの方が、KATSUMI君が歌っているデモ・テープを聴かせてくれて、〝この子を世に送り出したい〟という話を伺ったことから始まりました。そのディレクターの方は会社を辞めて事務所を作り、KATSUMI君のマネージメントを始めたんです。

そんな経緯で、僕もKATSUMI君のレコード会社が決まる前から、彼と一緒にデモ作りなどを進めていきました。さらに、アルバムやシングルの制作をプロデュースするだけではなく、コンサートをどういう風に行うのか、バック・バンドはどういうメンバーにするのかといったことをはじめ、マネージメント的なことも担うようになったのです。まさにトータル・プロデュースですね。もちろん、アルバム制作においても、自分がアレンジしていない曲に関して、誰にアレンジしてもらうのが適切かといったことまで、すべて考えていきました。

ちなみに、レコード会社はパイオニアLDCだったのですが、KATSUMI君はその第一弾アーティストでした。事務所にとっても、レコード会社にとっても、そして、プロデューサーとしての自分にとっても、KATSUMI君は最初のアーティストとなったわけです。

ホテルに缶詰で曲作り

レコード会社を決めるために何曲かデモ・テープを作ったのですが、「危険な女神」はその中の1曲でした。デモはすべて打ち込みで作ったのですが、この曲とデビュー・シングルの『SHIИING IN THE NIGHT』は、特に時間をかけて作った覚えがあります。そして、晴れてレコード会社が決まった後は、そのデモのデータを元にレコーディングを行っていきました。

KATSUMI君には、アマチュア時代から一緒に活動していた石川洋君というキーボーディストで作曲家のパートナーがいて、その彼と二人で箱根のどこかのホテルに送り込んで、「何日間で何曲書いてこい」と缶詰めにして書かせたりしていたのを思い出します。最近ではそういう話はあまり聞かないかもしれませんね。そして、出来上がったデモ・テープの中で「これは使える、これは使えない」とセレクトしていったり、「サビはこう直そう」といったディレクションをしていきました。デビュー・シングル曲の「Shining in the Night」はその石川君の作曲です。

カメリア・ダイアモンドのCM曲に

「危険な女神」はもともとアルバム曲だったのですが、CMタイアップが決まったことでセカンド・シングルになりました。しかも、そのCMというのが名だたるアーティストの楽曲が使われていた〝カメリア・ダイヤモンド〟だったのです。当時は〝カメリア・ダイヤモンドのCMに採用されるかどうかでヒットが決まる〟、そんな時代でした。例えばB'zの「太陽のKomachi Angel」もやはりカメリア・ダイヤモンドのCM曲でした。

今ではなかなか想像できないかもしれませんが、有名なCMのタイアップが決まるということは、何十万枚というヒットが担保されるということと同じだったんです。それで当時は僕もいろいろな広告関係の人や、CM音楽制作会社の人たちともコミュニケーションを深めるようになりました。

こんな風にレコード会社とデビューを決められただけでなく、タイアップまで決

*1
ガット・ギター
クラシック・ギターとも呼ばれるナイロン弦を張ったギターのこと。通常、アコースティック・ギターという場合は、スチール（鉄）弦を張ったギターのことを指す。

*2
Roland D-50
「ローランド ディーゴジュウ」。1987年に発売された同社初のフルデジタルによるシンセサイザー。特徴的な音色を多数内蔵しており、エフェクターを搭載している点も特色だった。

まって、実際にある程度の実績を残せたのはプロデューサーとしてやはりうれしい出来事でしたし、自信にもつながりました。

ベーシックなリズムは打ち込み先行に

さて、「危険な女神」のアレンジの特徴ですが、これはやはり音がたくさん入っていることではないでしょうか(笑)。90年前後は打ち込みでオケを作るのが主流で、〝打ち込みでどこまでできるか、限界に挑戦!〟みたいなことをやっていた時期と言えるかもしれません。

この曲もほぼ打ち込みで、ドラムとガット・ギター(*1)だけは生です。オケヒットなどは時代を象徴しているサウンドとも言えますが、それだけに今聴くとちょっと恥ずかしさも感じます(笑)。

どんなシンセを使っていたかは覚えていないのですが、この頃には国産のシンセで、いろんな音色がプリセットされているものが増えてきていました。Roland D-50(*2)やKORG M1(*3)などですね。またAKAIのサンプラー(*4)もよく使われていて、僕もことあるごとにサンプリングしていました。とにかく、スタジオへ持ち込む機材の数が一番多かった時代ではないかと思います。

機材や手法が変わることで、作業の流れ自体も変わってきていました。ベーシッ

*3
KORG M1
「コルグ エムワン」。1988年に発売されたデジタル・シンセサイザー。シーケンサーを内蔵しており、このシンセだけでも曲作りを行えることから〝ワークステーション〟と呼ばれた。

*4
AKAIのサンプラー
驚異的な低価格で話題となった1985年発表のS612を皮切りに、S900やS1000シリーズ、S3000シリーズなど、人気サンプラーを数々世に送り出したのがAKAI professional(アカイプロフェッショナル)。サンプラーとシーケンサー、そして打楽器のように指でたたけるパッドを備えたMPCシリーズでも人気を博した。

クとなるリズムも以前のようにバンドで録るのではなく、最初にオケを打ち込みでほぼ完成させた後に、生で差し替えるという形が主流になってきたのです。

先ほどもお話ししましたが、この曲も最初のデモはすべて打ち込みで作っていて、本番のレコーディングではドラムを生に差し替えています。その上でガット・ギターを弾いてもらいました。

アレンジの方向性としては、ブリティッシュ・ロックの香りがあって、なおかつ打ち込みで90年代のアップトゥデートな雰囲気を取り込みたいと思っていました。海外のアーティストで言うならばシンプリー・レッドのようなイメージかもしれません。当時のイギリスでも、打ち込みを取り入れたロック・バンドが出てきた時代でした。

また、イントロのシンセによる16分音符のシーケンス・フレーズなどは「流星のサドル」にも通じるところがあると思います。ただ、単純にそういうハイパーな打ち込みを入れるだけではなく、ガット・ギターを加えてスパニッシュなテイストを出したり、サビの後の部分で聴けるような歌と楽器のユニゾン(*5)などは、スティーヴィー・ワンダーのラテン的な匂いのある曲からインスパイアされているような気がします。

さらに、KATSUMI君はAORをはじめ、アメリカの音楽、イギリスの音楽、それぞれ聴いていましたが、バックボーンにはクイーンがありました。とにかく、"ク

*5
ユニゾン
複数の楽器が同じフレーズを演奏すること。

イーン大好き男〟だったんです。ですから、クイーン的なポップなロックの雰囲気もあると思います。以降のKATSUMI君の作品では、クイーンの影響をより感じさせる曲が増えていきますが、そういうスタイルがサマになるアーティストですね。とにかく、できることは何でもやってみようという気持ちで取り組みました。

ちなみに、アルバム曲のうち僕がアレンジした曲以外は、僕がよく一緒に演奏していたミュージシャンを集めて、彼らと一緒にアレンジとレコーディングを行いました。いわば架空のバンドを組んでもらったわけです。ギターが是永巧一君、ベースが有賀啓雄君、ドラムが江口信夫君、キーボードが松本晃彦君で、編曲のクレジットに〝She's Happening〟と書いてあるのがこの手法で作った曲です。これもクイーンなどのロック・バンド的なサウンドを意識してのことでした。

一人のアーティストに想いを巡らせる

「危険な女神」のヒットは、僕にプロデュースの面白さや醍醐味をとても実感させてくれました。以前からプロデューサー志向はあったわけですが、やはり音楽家としてやりたいのは、こういうトータルなアーティスト・プロデュースだなと再認識できたのです。そこで、以降しばらくは、1曲だけアレンジするという仕事は多少控えて、アーティストと一緒にガッツリ取り組めるものに時間を割くようになりました。

80年代は膨大な曲数をアレンジしていたわけですが、あまりにも忙しすぎて、とにかく自分が良いと思えるものを作ることで精いっぱいでした。スタジオでオケを作った後に、それがリスナーにどのように届いたのかまでは考える余裕がなかったのです。こんな状態では、一人のアーティストに想いを巡らす時間はどうしても短くなってしまいます。〝今日は松田聖子、明日は斉藤由貴、その次は薬師丸ひろ子〟みたいな毎日だと、一人一人のことをゆっくり考えるのは物理的に無理ですからね。そして、そういう作り方はすごく無責任なのではないかと思うようになりました。

そんなときに、KATSUMI君のプロジェクトに参加したわけですが、このときは彼のことを考える時間が十分にありました。そのため、〝次にどういうことをやろうか〟〝どういう曲を歌ったらいいだろう〟〝このヒントを次の作品に投影しよう〟といったことを考えることができたのです。それだけでなく、その作品が世の中にどのように届いて、どういう反応があったのかということまで気を配れるようになりました。

また、一人のアーティストと向き合う時間が増えたことで、アーティストとプロデューサーの〝戦い〟のようなものも経験できました。当然のことですが、アーティスト側としても、すべて僕の言う通りにするわけではありません。違った意見をぶつけてきたり、反対することもあります。僕もプロデューサーだからといって、自分が考えたことを100%押し通したわけではなく、いろんな人の意見を拾い上げながら形にしていきました。

こうしたプロジェクトでは、自然とチームが出来上がっていきます。アーティストを中心に、プロデューサーである僕のほか、レコード会社のA&R(*6)や宣伝担当スタッフなど、さまざまな人たちが〝チームKATSUMI〟を構成していました。〝最初のアルバムはこれだけ売れたから、次はこれだけ売ろうと〟という長期的なビジョンや夢を持って、全員で共通の目的に向かって進めたことは、後の自分のプロデュースにも大いに役立っていると思います。

§

作品作りにはいろいろな形があります。例えば、80年代のアイドル・ポップスはディレクター主導のものが大半でした。この場合はレコード会社とディレクターが、どういう作家に書いてもらうか、どういうアレンジャーに頼むかという決定権をすべて持っていたわけです。

しかし、90年代に入ると僕らのようなミュージシャン・プロデューサーが主体的に作品作りに取り組むようになりました。すると、レコード会社の人たちは、実際の制作はプロデューサーを信頼して任せ、作品をどう売るかとか、社内の調整でどれだけ予算を取れるかといったことに力を入れてくれるようになりました。

いずれにしても、モノ作りはそうそう簡単にはいかず、難しいことが多いのは今

*6
A&R
Artists & Repertoireの略。レコーディングのディレクションから、作品のプロモーションまで、アーティストにまつわるさまざまなプロジェクトを担当、推進する職種のこと。

も変わりはありません。どんなプロジェクトでも、いろいろな人がいろいろな立場で関わってくれていますから、それぞれに意見があって、多かれ少なかれ違いが生じます。

その中で僕が感じているのは、多くの異なる意見を集約した結果、中庸な路線を取ってしまうと、あまり良い結果は得られないということです。むしろ、10人中9人が反対しても、〝絶対にこれをやりたい〟という1人の意見を採用した場合のほうが、強いものが生まれてヒットにもつながりやすいように思います。ですから、〝共同合議制〟は音楽においては必ずしも良いことではないのです。そんなことも、この曲から始まった数々のプロデュース・ワークを通して学んでいきました。

SONG **08**

「全部だきしめて」

ARTIST

吉田拓郎とLOVE^2 ALL STARS

※音楽番組『LOVE LOVE あいしてる』オープニング・テーマ
フジテレビ系列／1996年10月5日 〜2001年3月31日

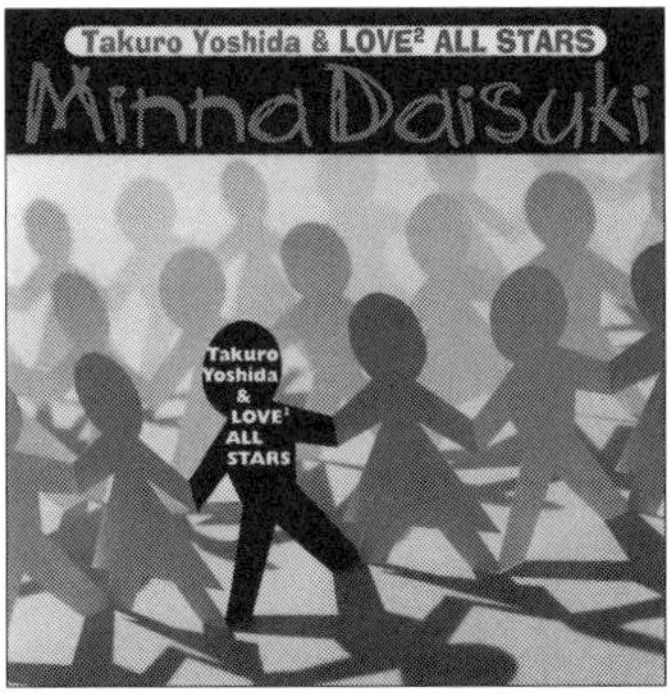

WORDS
康珍化

MUSIC
吉田拓郎

ARRANGEMENT
武部聡志

RELEASE
1997年11月1日

FORMAT
アルバム
『みんな大好き』収録

LABEL
フォーライフレコード

吉田拓郎との出会いの
きっかけとなったテレビ番組
「LOVE LOVE あいしてる」のテーマ・ソング

僕は2017年に『今日までそして明日からも、吉田拓郎』という吉田拓郎さんのトリビュート・アルバムを作らせていただきました。さかのぼれば、そのきっかけとなったのが、この「全部だきしめて」でした。

出会いの番組

１９９６年に、『ＬＯＶＥ ＬＯＶＥ あいしてる』というテレビ番組が始まりました。Ｋｉｎｋｉ Ｋｉｄｓの２人と吉田拓郎さんが司会の音楽バラエティで、２００１年まで続き、近年でも時折り特番として復活したりしています。そのテーマ・ソングだったのが「全部だきしめて」です。そして、僕はこの番組で初めて吉田拓郎さんと共演することになりました。実は、それまで一度もお会いしたことがなかったのです。

『ＬＯＶＥ ＬＯＶＥ あいしてる』はフジテレビのきくち伸さんが番組プロデュースを手掛けられていました。僕は、彼が別の番組でアシスタント・ディレクターだったころからの知り合いで、出会ったのは恐らく90年ごろだったと思います。そして、当時の彼から「自分が番組をプロデュースするようになったときは、絶対に一緒にやりましょう」と言ってもらい、『ＬＯＶＥ ＬＯＶＥ あいしてる』で、その約束が果たされることになったのです。

この番組をきっかけに、拓郎さんとの長いお付き合いが始まりました。その後、一緒にレコーディングしたり、アルバムを作ったりすることで、拓郎さんの音楽性やミュージシャン・シップといったものを理解していくことになり、冒頭でも紹介したトリビュート・アルバム『今日までそして明日からも、吉田拓郎』（＊1）をプロ

＊1
『今日までそして明日からも、吉田拓郎』
「ＳＯＮＧ 22」を参照。

デュースさせていただけるまでに至ったのです。

この番組では、拓郎さんから〝スーパー・セッション〟のようなバンドを作りたいという希望があり、番組のバンドとして〝LOVE² ALL STARS〟が結成されました。ここで僕はキーボーディストとしてはもちろん、いわゆるバンマスみたいな役割で参加させていただくことになり、さまざまな人たちと出会うことになったのです。番組初期はドラムがそうる透君、ベースが吉田建さん、ギターが高中正義さん、そして僕がキーボードというメンバーが中心で、その後、時期によっていろいろなミュージシャンの方が参加してくださいました。

そもそも、拓郎さんとしては、番組を始めるにあたって松任谷正隆さんがバンマスのバンドを作りたかったんだと思います。松任谷さんはずっと拓郎さんのバンドのバンド・マスターでしたからね。それが何らかの事情で実現できずに、〝武部が代わりにやればいいんじゃない？〟という形でお話をいただいたんだと思います。

拓郎さんとしては、僕がかまやつひろしさんのバンドにいたことや、ユーミンのバンドをやっているということが、安心材料にはなったのではないでしょうか。初めて拓郎さんとお会いしたときに、「武部はムッシュのバンドにいたんだって？」という話をしたのをよく覚えています。その後は、毎週リハーサルや収録があったので、すごく濃密な時間を過ごさせていただきました。

また拓郎さんだけではなく、THE ALFEEの坂崎幸之助さんをはじめとする、さまざまなミュージシャンの方々とも長い時間を共にさせていただきました。ゲスト・ミュージシャンの方が来られることもあって、例えばサザンオールスターズの松田弘さんとお会いしたのも、この番組でした。

番組バージョンは瀬尾一三アレンジ

僕が編曲した「全部だきしめて」は、1997年にリリースされたLOVE^2 ALL STARS名義のアルバム『みんな大好き』(*2)に収録されています。この作品は、LOVE^2 ALL STARSのメンバーで、自分のセルフカバー的なアルバムを作りたいという拓郎さんの想いがきっかけとなって作られました。ですから、番組に関わっていたミュージシャンたちがたくさん集まってレコーディングしたのです。

一方、番組で演奏していた「全部だきしめて」は、瀬尾一三さんがアレンジされたバージョンです。瀬尾さんは僕から見れば先輩プロデューサー／アレンジャーで、拓郎さんの作品もたくさん手掛けられています。

確か、最初に康珍化さんの歌詞があって、それに拓郎さんがメロディを付け、そのデモ・テープを元に瀬尾さんがアレンジして、譜面に起こされたんだと思います。僕らはそれを番組で演奏していたわけです。

*2
『みんな大好き』
収録曲は下記の通り。武部は7曲のアレンジを担当。Disc 1：M1「伽草子」、M2「結婚しようよ」、M3「おきざりにした悲しみは」、M4「こっちを向いてくれ」、M5「旅の宿」、M6「ひらひら」、M7「春だったね」、M8「我が良き友よ」、M9「せんこう花火」、M10「マークII」、M11「ともだち」、M12「たどり着いたらいつも雨降り」、M13「夏休み」、M14「どうしてこんなに悲しいんだろう」、M15「人生を語らず」、M16「野の仏」、Disc 2：M1「全部だきしめて」、M2「全部だきしめて(Instrumental)」

そして、この曲を作品として形にしようという際に、「武部の好きに料理してみて」という感じで拓郎さんから託されたのが、アルバム・バージョンの「全部だきしめて」です。ですから、瀬尾さんのアレンジとは大きく異なるテイクになっています。その後、1998年にリリースされたKinki Kidsのシングル『全部だきしめて／青の時代』に収録されているバージョンも、僕がアレンジさせていただきました。

オルガンと言えばB-3

「全部だきしめて」をアレンジにするにあたり、まず考えたのは瀬尾さんのアレンジとは異なる方向にしようということです。特に、ちょっとラテンっぽい感じを入れたいと思っていました。ドゥービー・ブラザーズのマイケル・マクドナルドとケニー・ロギンスが作った「ホワット・ア・フール・ビリーヴス」という曲があって、それをマット・ビアンコがカバーしているのですが、そのサウンドを当時、気に入っていたんです。

「全部だきしめて」はドラムとパーカッションが打ち込みですが、それはマット・ビアンコのバージョンが打ち込みっぽい雰囲気だったからだと思います。生ドラムだとちょっと違うと当時の僕は思ったんでしょう。イントロのパーカッションの部分などを聴き比べてみると、影響を受けているのがわかって面白いと思います。

そのほかのパートはバンド編成で、ベースは吉田建さん、ギターは高中正義さんと中川雅也君、コーラスは中西圭三君、坂崎幸之助さん、木戸やすひろ君、ブラザートム君、陣内大蔵君に参加してもらいました。もちろん、番組に参加されていた皆さんです。

ギターはバッキングを中川君が弾いて、オブリ(＊3)やソロは高中さんという役割分担でした。一緒にレコーディングしてみて特に印象深かったのは、高中さんのギターです。やはり、他にはない独特のギターですね。

僕はこの曲でピアノやシンセ、それにオルガンを弾いています。オルガンはHAMMOND B-3(＊4)です。僕がオルガンを弾くときは、よほど特殊なコンボ・オルガンの音が欲しいとき以外は、B-3しか弾きません。

オルガンを弾きはじめたのは15歳くらいだったと思います。中学の同級生の家にB-3があったんです。そのころはキース・エマーソンのコピーをしたりしていました。

僕らの世代でオルガンと言えば、やはりB-3なんです。シンセなどで、いくら良いシミュレーションの音色があったとしても、本物のB-3を上回ることはできないと思います。最近、レスリー・スピーカー(＊5)の良いシミュレーターも出ていますが、それでもやはり実際に空気を回すものとは音が違うと感じます。

＊3
オブリ
オブリガートの略。メインのメロディ(ボーカル等)に対して、合いの手のように入る装飾的なフレーズのこと。カウンター・メロディとも言う。

＊4
HAMMOND B-3
トーンホイールと呼ばれる歯車を回して音を出す方式のオルガン。ドローバーという手で引き出すバーを複数備え、その組み合わせで多彩なサウンドを生み出せる。なお、現行製品はトーンホイールのサウンドをサンプリングで再現した仕様になっている。

吉田拓郎とのレコーディング

レコーディングでの拓郎さんは、リズム録りで良いテイクが録れたときは「バッチリだよ」でおしまいです。ご自身の歌入れも速いですね。ただ、ダビングになると、かなり積極的にアイディアを出してくださいます。

これは今でもそうです。例えば「ここのBメロにギターが2声でハモって、そのバックにフレーズが欲しいな」とか、「ここのコードはメジャー・セブン(*6)ではなくてオープン・コード(*7)で」「ここはキメじゃなくて、次の違うモーションに入った方がいい」など、とても具体的に提案してくださいます。それが僕らの常識と違うときもあれば、「ああ、なるほど!」と思うときもあるという感じです。ライブのリハーサルでも細かくアイディアを出してくださるんです。恐らく、誰よりもバンド全体の音を聴いていらっしゃるのではないでしょうか。

ですから、アレンジの骨格は僕が作りますが、ディテールのアイディアは拓郎さんご本人によるものということは、すごく多いですね。例えば「全部だきしめて」の場合、後半でラジオ・ボイス的(*8)な声で合いの手が入りますが、これは拓郎さんのアイディアです。最後の転調のような大きな展開の部分は僕のアイディアですね。

*5
レスリー・スピーカー
B-3のサウンドに欠かせないスピーカー。高音用と低音用のスピーカーが搭載されており、それぞれにホーンとドラムという回転する音の出口が付いている。この回転によって独特の揺らぎを生み出す点が特徴。なお、レスリー・スピーカーはギターで使われることもある。

*6
メジャー・セブン
コードの種類。〝major 7th(メジャー・セブンス)〟のこと。

*7
オープン・コード
ここでの〝オープン〟はテンションなどのつかない3和音のコードを意味している。

*8
ラジオ・ボイス的
文字通り、ラジオから聴こえてくるような音質に加工した声のこと。

また拓郎さんは、とにかく音が多いのが好きなんです。空間が空いていて、寂しいのはイヤなんですね。だから、ギターもいっぱい入っていますし、特に歌に何かの楽器が絡み合うようなフレージングがお好きみたいです。単なるバッキングだけではない何かが欲しいということなんでしょうね。そういうフィーリングが合うミュージシャンとなら、レコーディングでも、ライブでも何でも一緒にやりたいと思っていらっしゃるようです。

〝同じ釜のメシ〟から生まれる音楽

『みんな大好き』では僕、吉田さん、高中さん、そして中川君の4人で、曲ごとにアレンジ担当を振り分けました。そして、アレンジ担当の言うことを、ほかのメンバーは絶対に聞かなければいけないというルールの下に進めたんです（笑）。僕がアレンジする曲のときは、ほかのメンバーは絶対に僕の言うことを聞かないといけないし（笑）、高中さんのアレンジ曲では、僕らは高中さんの言う通りにするわけです。

レコーディングは、主に横浜のランドマークスタジオで行ったのですが、合宿みたいな形でした。毎日、夕方にはレコーディングを終えて、夜はみんなでご飯を食べに行くというスタイル（笑）。〝今日は中華街〟〝今日はステーキ〟〝今日はお寿司〟

という感じなんですけど、拓郎さんはそういうことも大事にされる方なんです。単純にスタジオ・ミュージシャンが集まって音を出すだけではなく、スタジオ以外のコミュニケーションの中からも生まれる何か、同じ釜のメシを食ったからこそできること、そういうことを今でも大切にされています。

拓郎さんのツアーにも何度か参加させていただいてますが、その際も事前に合宿したりします。そして実際にツアーに出ると、一緒に過ごす時間があったからこそ生まれるアンサンブルになっているなと実感します。

Kinki Kidsバージョン

このアルバム・バージョンがきっかけで、Kinki Kidsバージョンの「全部だきしめて」も僕がアレンジさせていただくことになりました。

制作にあたっては、とにかく若くてフレッシュなサウンドにしようと思いましたね。かなりギター中心のサウンドでバンドっぽい仕上がりになっていますが、これは彼らが番組でギターを弾いていたということも影響しています。やはり2人がギターを弾いている映像がすごく印象に残っていたんでしょう。

Kinki Kidsの2人も、この番組で多くのミュージシャンと交わったことにより、ギターが弾けるようになったり、自分たちで曲を作るようになったわけですよね。当初はコードもおぼつかなかったのに、いまや随分と弾けるようになりましたね。

§

拓郎さんは作詞家であり、作曲家でもあるわけですが、何より〝稀有なボーカリスト〟というのが僕の長年変わらない印象です。声も歌い方も、誰にもマネできないものを持っている、それが吉田拓郎というアーティストなんだと思っています。

SONG 09

「believe」

ARTIST

山口由子

WORDS
山口由子／
ジム・スティール

MUSIC
山口由子

ARRANGEMENT
武部聡志

RELEASE
1999年2月26日

FORMAT
シングル

LABEL
マーキュリー・ミュージックエンタテインメント

当時の潮流とは真逆のサウンドでありながら
リスナーの心をつかみ
ヒットに結びついたドラマ挿入歌

90年代は歌もののプロデュースやアレンジだけでなく、ドラマの音楽を数多く作曲していました。「believe」はそうした活動の中でプロデュースを手掛けた楽曲で、この曲もさまざまな人とのつながりから生まれました。

〝月9〟の劇伴を担当

「believe」は、フジテレビ系のいわゆる月9ドラマ『オーバー・タイム』の挿入歌となった山口由子さんの楽曲です。

僕は、彼女が80年代にアイドル・グループのメンバーとして活動していたころに知り合いました。彼女たちの曲のアレンジを僕が手掛けていたんです。その後、山口さんはソロのシンガー・ソングライターとして活躍されるようになり、引き続き、僕は彼女の作品のアレンジやプロデュースを手掛けていました。そもそも、山口さんが所属していたレコード会社のディレクターは、KATSUMI君を見つけてきた人物で、しかも今、彼はウチの会社、ハーフトーンミュージックにいます(笑)。

さて、僕は1990年代の中盤から2000年くらいまでにかけて、ものすごい数のドラマの音楽を制作していました。そのため、ドラマのプロデューサーやディレクターの方々とも懇意にさせていただいていたのです。特にフジテレビの方々とのお仕事が多かったですね。『オーバー・タイム』もその中の一つで、劇伴(＊1)も僕が作っています。

「believe」は当初、ドラマの挿入歌として制作されたので、最初はもっと短い曲でした。それがドラマで流れたことで評判となり、シングルCDとしてリリースするに至ったのです。その際にはもちろん、アレンジし直しています。

＊1
劇伴
映画やドラマなどで使われる音楽全般を指す。サウンドトラックとも呼ぶ。

当時は本当にドラマに関係した仕事が多くて、例えば同じ月9ドラマの『ビーチボーイズ』では劇伴のほかに、反町隆史君が歌ってリッチー・サンボラがギターで参加した主題歌「Forever」のアレンジも担当しました。

また、同じフジテレビのドラマ『ショムニ』では、SURFACEのデビュー曲ともなった主題歌「それじゃあバイバイ」のアレンジも手掛けました。

あえてビートを入れないアレンジ

「believe」のサウンドは、とてもビートルズ的な雰囲気があると思います。この曲のように弦カル（*2）とピアノだけで、ドラムも入っていないというタイプの曲はビートルズにはないかもしれませんが、弦カルの感じは「イエスタデイ」に近いかもしれません。あとは「ストロベリー・フィールズ・フォーエバー」や「イン・マイ・ライフ」……その辺りのフィーリングにしたいと思ってのアレンジでした。

それも、そのまんまビートルズっぽくするというよりは、ちょっとヒネりたかったので、弦カルとオーボエはどちらもシンセを使っています。そもそも、劇伴制作の一環ということもあり、予算的な制限もあったとは思いますが（笑）。

弦カルとオーボエのアイディアは僕が出したのですが、なぜオーボエを使おうと思ったのかは覚えていません……。もしかしたら、Mellotron（*3）のイメー

***2 弦カル**
"カル"はカルテット（四重奏）の略。"弦カル"という場合は、バイオリン2本とビオラ、チェロからなる編成を指す。

***3 Mellotron**
「メロトロン」。鍵盤を押すと楽器音などが収録されたテープが再生されるという仕組みの楽器。テープにはフルートやバイオリン、チェロ、ブラス、クワイア（合唱）などがあった。ビートルズでは「ストロベリー・フィールズ・フォーエバー」での使用が有名。近年、デジタル式のモデルも発売された。

ジだったのかもしれないですね。

当時は既にシンセでほとんどのことができてしまう時代になっていたので、予算の都合で生の弦を録れない場合でも、シンセでできる限りのことはやろうとしていました。

また、いわゆる〝小室サウンド〟に代表されるような楽曲がすごく勢いのあった頃なので、この曲ではその真逆のサウンドをやりたかったんだと思います。それで、あえてビートも入れないアレンジにしています。

ストリングス・アレンジは全体の設計図を考えるところから

ストリングスが入ってくるのは1番のサビからで、2番のAメロにも薄めに入っていて、間奏ではメロディを演奏しています。このパターンは僕がアレンジしたほかの曲、例えば「ハナミズキ」なども同じです。やることが変わっていないというか(笑)。

80年代はベーシックのリズムを録ってから、ストリングスなどのダビングをするという流れでした。そのためレコーディングするまではどんな音になるかわからなかったわけですが、90年代に入ると打ち込みでデモを作るプリプロを行うスタイルが主流になりました。ですから、レコーディング工程としては、プリプロで作った打ち込みのデモを元に、生のパートを録音して差し替えていくということになっていきました。

その後、一周まわって生と打ち込みのミックスというアプローチが流行する時代が来たりもするわけですが、それでも僕がストリングスのアレンジでやっている作業自体はそれほど変わりませんでした。今でもそうですが、プリプロの段階でシンセを弾きながら、1曲1~2時間くらいでアンサンブルを決めてしまい、最後に譜面に起こすというのが基本です。

もう少し具体的に解説してみましょう。まず全体の設計図的なものをシンセで弾きながら考えていきます。この時点では譜面はまだ書きません。

例えば一番のサビは1stバイオリン、2ndバイオリン、ビオラ、チェロという4つの楽器の4声で和音を鳴らし、割と低めのところのアプローチで始めようとか、2番のAメロはチェロとビオラのカウンター・メロディ(*4)からはじめて、段々と音数を増やしていこうとか、最後のサビは1stバイオリンと2ndバイオリンがオクターブ・ユニゾンで高い音のラインを演奏して、ビオラとチェロが下で動くとか、そういったことを考えていくのです。時間軸に沿って、盛り上がりのカーブを作っていくようなイメージと考えてもらうといいかもしれません。基本的には曲のアタマから最後まで、ストリングスを入れるところは一気に弾いていきます。

ただし、動きのあるフレーズを考えるときは、ストリングスの4つのパートを同

*4
カウンター・メロディ
メインのメロディに入る装飾的なフレーズのこと。対旋律、オブリガート(オブリ)と同義。

時には弾けません。そこで最初に1stバイオリンと2ndバイオリンでラインを作って、その後でビオラとチェロを弾いたりしていきます。

ストリングスのアレンジというのは、〝正しいアレンジ〟というのがあるようで、ないようなものです。特にポップスにおいては〝何が正解か〟というのは特にないと思います。そのため、ストリングスのアレンジには、アレンジャーの個性がすごく出やすいですね。

また、「believe」には山口さんの当時の好みもサウンドにかなり影響しています。この手のバラードでは歌にリバーブ(＊5)をかけることが多いのですが、この曲はリバーブが少なめで、ジャリっとした質感になっています。これは彼女がこの時期、トーレ・ヨハンソンに代表されるようなスウェディッシュ・ポップが好きだったからです。

このリバーブが少ない歌とシンセのストリングスが、この曲のクールな雰囲気を引き立てていると思います。もし、生のストリングスだったら、もう少し情緒的というか、ウェットな雰囲気になっていたのではないでしょうか。

映像と音楽

前章でお話したフジテレビの番組、『LOVE LOVE あいしてる』は、いろい

＊5
リバーブ
コンサート・ホールのような響きを加えるエフェクター。狭い部屋の響き、ガレージの響き、トンネルの響き、スタジオの響きなど、いろいろな響きを作り出して、ボーカルや楽器に余韻を加えることができる。

ろな方と知り合うきっかけとなりました。特にその後の僕に影響が大きかったのは、フジテレビジョンの代表取締役を務められ、その後はBSフジの代表取締役に就任された亀山千広さんと出会ったことです。最初にドラマの音楽を手掛けたのは『ビーチボーイズ』でしたが、これは亀山さんの推薦によるものでした。

そんな経緯があって、その後、いろいろなドラマに携わっている方々と知り合うことになりました。例えば、『東京ラブストーリー』や『ロングバケーション』などで知られるプロデューサー／ディレクターの永山耕三さんは、もともと高校時代の仲間だったのですが、ドラマの仕事をするようになって再び親しくなり、亀山さんも同じ年だったので、みんなでつるんでいろいろやるようになったわけです。

そうしたドラマのプロデューサー、ディレクターの皆さんは、恐らく劇伴を中心に活動している作曲家、つまりインストゥルメンタル主体の作品が多い方と仕事をされていたんだと思うんです。ところが、僕はずっとポップスをやってきたわけで、そういう作家と一緒にやるのが面白いと思ってくれたのではないでしょうか。

僕としても、「卒業」のころから映像的な音作りというのは割と得意なほうだったので面白かったですね。「卒業」で歌詞を読みながらサウンドをアレンジしたように、ドラマや映画でもあるシーンを観ると「あ、こういう音がいいんじゃないか」とインスピレーションがすごく湧いてきます。

ただ、劇伴というのは本当に難しいと思います。まず、音楽があまり語りすぎてしまうとダメなんです。音楽はあくまで引き立て役ですから。そういう意味ではメロディックすぎてもダメだし、音符がつまりすぎてもジャマになってしまいます。最終的には、やはり画にのせたときにしっくりくるかどうかですね。

ほかの方のやり方は知らないのですが、僕の場合はまずコンセプトやストーリーを読ませてもらい、必要な数の曲、例えば20曲くらいをバーっと作って先方に送ります。それをドラマ側の方に勝手に当てはめてもらうんです。また、主人公にすごく感情移入できそうなバラードを用意したりもしますね。

§

当時のドラマの音楽を経験したことは、本当に今でもいろんな意味で勉強になったと感じています。ちなみに、先ほどの永山さんは次の章でも登場します。

SONG 10

「サクラ・フワリ」

ARTIST

松たか子

WORDS
松たか子

MUSIC
武部聡志

ARRANGEMENT
武部聡志

RELEASE
1998年3月25日

FORMAT
シングル

LABEL
BMGジャパン

プロデューサー的な視点で作曲した初めての作品

この曲では、プロデュースとアレンジだけではなく、作曲も手掛けています。そのきっかけを作ってくれたのは、フジテレビのディレクターであり、高校時代からの仲間だった永山耕三さんでした。

自分の音楽性を投影した作り方を初めて意識

「サクラ・フワリ」は松たか子さんの5枚目のシングルです。松さんとお仕事をご一緒させていただくことになったのは、フジテレビの永山耕三さんにご紹介いただいたのがきっかけでした。

永山さんのことは「SONG 09」でもお話しましたが、月9などのヒット・ドラマをたくさん手掛けられたプロデューサー／ディレクターの方です。そこでも触れた通り、彼とはもともと高校生の頃から知り合いで、なおかつ、僕がフジテレビのドラマで音楽を担当することが多くなったことから、再び親交を深めることになりました。

そんな永山さんは、お父様が松竹の会長を務められていた人物ということもあり、松さんとも交流があったそうなんです。それである日、永山さんに呼ばれて「松さんのプロデュースをやってほしい。曲も書いてほしい」というお話をいただきました。

松さんは既にデビュー曲「明日、春が来たら」をヒットさせていたわけですが、そんな役者でありボーカリストである彼女を見て、初めて自分の音楽性を投影した作り方をしてみたいなと思いました。ですから、自分で曲を書いてプロデュースするということに意識的に取り組んだ最初のアーティストが松さんということになります。

もちろん、斉藤由貴さんをはじめ、いろいろなアイドルの曲を書いてはいたのですが、プロデューサー的な視点で曲を作るというのは、このときが初めてでした。ちなみに松さんに提供した曲は、すべて曲先で、その後で彼女が歌詞を書いています。

意識的にサビは五音音階に

「明日、春が来たら」も〝春〟がテーマですが、「サクラ・フワリ」もやはり〝春〟がコンセプトの曲です。ですから、そこでは僕なりの〝春の歌〟をメロディやサウンド感など、いろんな要素を含めてぶつけてみようと思いました。

当時、松さんは本当に忙しくて、じっくり打ち合わせをする時間はほぼありませんでした。ですから、僕はまとめて何曲も作り、出来上がるたびにデモ・テープを送っていました。それに歌詞が付いて戻ってくるというようなやりとりだったと思います。

メロディに関しては、和的なものが自分の持ち味としてすごくあるなということを何となく意識しはじめていたころでした。それまではＫＡＴＳＵＭＩ君や久保田利伸君などの作品で、すごく洋楽的なアプローチを取っていましたし、洋楽に影響を受けたサウンド・メイクをしていたのですが、一方どこかで、日本人的なメロディというものを形にしたいとも思っていたんです。それを端的に和的と呼んでいいのかはわかりませんが。

そういうわけで、この曲で聴かれる五音音階（＊1）的なメロディは、意識的なものです。ただ、すべてのメロディが五音音階かというと、そうでもないんですね。サビはそういうアプローチですが、AメロやBメロは一般的なポップスのメロディです。恐らく、両者をミックスしたいと思っていたんでしょう。

作曲はメロディから

作曲では、コードよりもメロディを先に考えます。そのときは何も弾きません。ある程度、骨格ができてからピアノに向かい、そのメロディに対して自分がイメージしているコードの響きはコレだということを確かめながら仕上げていきます。

ピアノでコードを弾きながらメロディを考えようとすると、もうその時点でコードという制約が生まれてしまいます。それよりも、制約がないところで最初にメロディを考えて、どういう曲にしたかったのかをコードで確認していくというほうが好きなんです。ただ、厳密に言えばメロディを思い浮かべているとき、頭の中では既にコードの響きも鳴っているのかもしれません。

＊1
五音音階
音階というと"ドレミファソラシ"の7音を思い浮かべる方も多いと思うが、5音で構成される音階もある。中でも、ここでは"ヨナ抜き"と呼ばれる日本の音階を指している。ヨは"ファ"、ナは"シ"のことで、"ドレミソラ"となる。

メロディにコードを付けるときは、〝これ以上は変えようがない〟というくらいまで吟味します。「コードもメロディの一部」と言うと変かもしれませんが、それくらい〝このメロディにはこのコード〟と決め込んでいきます。そこはやはり、自分がアレンジャーでもあるからですね。

自分のコードワークに関しては、ジャズをやってきたミュージシャンではないので、あまりテンション(*2)の強いコードは使わないかもしれません。割とプレーンなコードが多いと思います。「サクラ・フワリ」も簡単なコードですよね。

実は、「サクラ・フワリ」を作曲したときのことはあまり覚えていないのですが、タイアップが決まっていたわけでもありませんし、特に誰かから注文があったわけでもありません。何の制約もなかったんです。そういう意味では、僕が単純に〝こういうのがいいんじゃないかな?〟とインスピレーションのまま自由に作った曲と言えるでしょう。

時代はブレイクビーツ

アレンジ的なトピックは、最後のサビが〝落ちサビ〟(*3)というところでしょうか。一般的には、落ちサビがあって、もう1回元に戻ってサビにいくことが多いと思います。それをあえて、最後の最後を落ちサビにしました。

***2**
テンション
コードで使われる音の種類のこと。ジャズでよく用いられるほか、ポップスではオシャレ感を出したいときによく使われる。テンション・ノートとも。

***3**
落ちサビ
サビのメロディを使いつつも楽器数を減らし、落ち着いた雰囲気にして通常のサビと対比を付けたアレンジを〝落ちサビ〟と言う。曲の後半に使われることが多く、その後に再度、大きく盛り上がる〝大サビ〟が入る流れが一般的。

また、この曲はベースとギターだけが生で、キーボードはすべて打ち込み、ピアノも打ち込みなんです。またドラムは一般的な打ち込みではなくブレイクビーツ（＊4）のループを使っています。打ち込みだとキック、ベース、スネア、ハイハットなどをそれぞれ打ち込んでリズム・パターンを作っていくわけですが、この曲はそうではないんですね。

この曲のサウンドは、当時話題になっていたフィオナ・アップルにインスパイアされている部分があります。ピアノの雰囲気であったり、ブレイクビーツ的なちょっと汚したような質感のドラムが好きだったんです。松さんのような洗練された女性と、ちょっと汚れた雰囲気のサウンドの対比がいいと思っていたんだと思います。ブレイクビーツがひずんでいるのは、そういう意図があったからでしょう。

また、イントロのフレーズは斉藤由貴さんの「卒業」に通じるものがあると感じます。「卒業」のフレーズは僕ではなく、筒美京平さんによるものですが（笑）、僕の中には「卒業」の〝この時代版〟という感じがあったのかもしれません。

ちなみに、僕は松さんの「桜の雨、いつか」という曲も書いています。これは松さんが主演したフジテレビのドラマ『お見合い結婚』の主題歌だったのですが、なぜか春の歌が多いですね。彼女は「明日、春が来たら」でデビューして、それがすぐにヒットしたので、やはり春とか桜の印象が強いんだと思います。

＊4
ブレイクビーツ
レコードからドラムだけの部分を抜き出したもののこと。またはそうした粗い質感の短いドラム・フレーズのことを指す。これらは繰り返して使われることが多く、これを〝ループ〟と呼ぶ。ループはヒップホップをはじめとするダンス・ミュージックにおける定番的な手法。

難しいハーモニーもすぐにできてしまう

松さんの場合、ボーカル・ディレクションに関しては別の方が担当されていました。ですから、僕はその方が録った歌を聴いて、「ここにハモ(*5)を付けよう」といったことを考えました。ですから、ハモのラインは僕が考えたと思います。

松さんはすごく勘のいい方で、難しいハーモニーでもすぐにできちゃうんです。当時はメインのボーカルを録った後に、そのままスタジオでハモも録っていました。まだ、スタジオを贅沢に使える時代でしたからね。

松さんはやっぱり声がいいですよね。今、この曲を聴き返してみると、まだ子供っぽい雰囲気や稚拙な部分もありますけど、声の響きがとてもいいとあらためて思います。

§

この「サクラ・フワリ」をきっかけに、僕は2枚のアルバムと7枚のシングルをプロデュースさせていただきました。彼女はピアノが弾けるので、レコーディングで弾き語りをしてもらったこともありましたね。

また、最初の頃の松さんは、歌詞は書いていたものの、曲自体は僕らが作ったものの上で歌うという感じでした。しかし、そのうち自分でも曲を書くようになっていきました。サード・アルバムの『いつか、桜の雨に…』では、僕が4曲、彼女が

*5
ハモ
ハーモニー、いわゆるコーラスのこと。

8曲書いています。

彼女からは曲のデモ・テープが送られてくるんですけど、1曲の形になっていない場合もありました。8小節とか、そういう短い断片みたいなメロディが100個くらい入っているんです。時間のあるときに、鼻歌みたいな感じで録りためていたんでしょう。その中から「このメロディとこのメロディとこのメロディを使って曲にしよう」とか、そんなこともトライしてみました。

自分で曲を書いてプロデュースするというところから始まったわけですが、そのうちアーティスト本人が曲を書くようになったというのも、面白いケースかもしれません。

SONG 11

「もらい泣き」

ARTIST

一青 窈

WORDS
一青 窈

MUSIC
溝渕大智／マシコタツロウ／武部聡志

ARRANGEMENT
武部聡志

RELEASE
2002年10月30日

FORMAT
シングル

LABEL
コロムビアミュージックエンタテインメント

アーティストの個性を最大限に引き出したプロデュースで日本レコード大賞編曲賞に輝いた名曲

一青窈さんは、僕が長らくプロデュースを手掛けさせていただいているアーティストの一人で、デビュー前からのお付き合いになります。その初期の作品である「もらい泣き」は何度も作り直しながら完成させた思い出深い曲のひとつです。

ワン・アンド・オンリーの世界に惹かれて

「もらい泣き」は一青窈さんのデビュー・シングルで、僕はレコード会社が決まる前から彼女のプロデュースを手掛けさせていただきました。

一青さんと出会ったのは友人から紹介されたのがきっかけです。その頃の彼女はアカペラ・サークルで活動していて、ブラック・ミュージックが好きな女の子という印象でした。確か、ホイットニー・ヒューストンやマライア・キャリーなどを歌ったりしていたと思います。そんな彼女の歌を聴いて僕が感じたのは、〝そのままR＆Bを歌ってデビューしたとしても売れるのは難しいのではないか〟ということでした。

彼女と出会った90年代末には、多くのR＆B系女性ボーカリストがデビューしていました。例えば、宇多田ヒカルさんやMISIAさんなど、圧倒的な歌唱力やアーティストとしてのポテンシャルをお持ちの方が既に活躍されていたのです。そんな中で後追いのような形でデビューしても、絶対に成功するわけはないと思いました。

ちなみに、彼女は僕と出会う前に、あるレコード会社からR＆B系シンガーの方向性でのデビューの誘いもあったそうなのですが、それは断ったそうです。その判断は正しかったのではないかと思います。

では、僕はどういう方向性でプロデュースしていこうかと考えたとき、彼女の優れた部分、僕が惹かれた部分というのが3つありました。1つめは名前です。〝一青窈〟という名前の字面がすごくキレイだなと思いました。2つめは歌詞が独特なところ。そして、3つめは〝伝える力〟に長けている歌という点です。

彼女の歌は素晴らしいのですが、テクニカル的にずば抜けて歌がうまいというタイプではないと思います。しかし、オリジナリティとものすごい表現力を持っていました。実は、これは僕が一緒にお仕事をさせていただいているアーティストの方々の共通点です。僕はそういうワン・アンド・オンリーの世界を持っている方々に惹かれて、長く仕事を続けてきたと感じています。

一青さんの場合も同じです。僕が彼女にほれたのは、歌がうまいとか下手だとかということとは違う次元で、ほかの人にはない伝える力を持っていたからなんです。

歌声に触発された楽曲の方向性

「もらい泣き」に感じられる独特な雰囲気は彼女の歌にインスパイアされてのことでした。

先ほどもお話したように、彼女は自分でブラック・ミュージックを歌っているつもりだったと思いますが、僕にはそうは聴こえませんでした。例えば、フェイク（＊1）を入れたとしても、それはオリエンタルなこぶしをまわす感じに聴こえたので

＊1
フェイク
本来のメロディを即興的に変えて自由に歌う歌唱法。

す。もしかしたら、台湾と日本の両方にルーツを持つ彼女の血がそうさせるのかもしれませんが、そのアジア的な香りを生かす曲を作ろうと思いました。

そこで、僕が中心となって曲を書き、彼女が歌詞を書くという形で、「月天心」「翡翠」、それに台湾の民謡の3曲を入れたデモ・テープを作りました。

それを持っていろんなレコード会社を回ったのですが、軒並み断られ、最終的にコロムビアミュージックエンタテインメントに決まりました。そこからデビュー曲を作りはじめたんです。そうして彼女の生い立ちやオリエンタルな色合いを打ち出すという方向性のもと、「もらい泣き」が生まれることになりました。

3人の作家による共作

「もらい泣き」は、僕と溝渕大智君、そしてマシコタツロウ君の3人による共作という少し珍しい形になっています。海外では複数の作曲家が曲のセクションを分担して作るという共作（＊2）は珍しくないのですが、日本ではまだあまりなじみがないことでした。また、溝渕君もマシコ君もまだ若くて、世の中の人が誰も彼らのことを知らないという頃でした。

サビのメロディを書いたのは溝渕君です。これが抜群に良かったので、そこはすぐに決まりました。しかし、AメロやBメロはなかなか簡単には決まらず、何度

＊2
共作
コーライティング（Co-Writing）という。

も作り直しました。最終的に、マシコ君がAメロやBメロを作ったんですけど、それも何回もやり直しをしてもらって、僕も加わって完成させました。

プリプロも何回やったのか分からないくらいです。アレンジも何パターンも作りました。例えばイントロで、ガット・ギターがフリーな感じで演奏しつつ、「ええいああ」の部分からバラードっぽく始まるバージョンなどもあったんです。それはちょっとポルトガルのファドみたいな感じでしたね。

そんなふうに何バージョンも作って、最終的にどれが一番強い印象を与えるかという視点から、今、世の中に出ているアレンジを選びました。その際のポイントはやはりイントロでした。音が流れた瞬間にパっと曲のムードが伝わるような曲にしたかったんです。最終的に決まったアレンジは、〝台湾〟を意識したというわけではないし、〝和〟ということでもない、無国籍な感じが良いと思いました。旋律的にはオリエンタルな感じがしますが、楽器はガット・ギターであったりと、スパニッシュっぽい匂いもありますからね。このギターは鳥山雄司君に弾いてもらいました。また「もらい泣き」は、ガット・ギター以外は全部打ち込みです。ストリングスも生ではなくシンセにしたのですが、それも効果的だったと思います。というのも、打ち込みであればリズムの縦の線をカッチリとそろえることができます。そうすると、その上で彼女の歌は自由に泳ぎ回れるんです。

当時は打ち込みでも、グルーブを出すためにタイミングをずらす（*3）という手法

*3
タイミングをずらす
打ち込みでは、1音1音の位置を微妙にズラすことで、これによって人間の演奏のようなノリを生み出すことができる。

がはやっていました。少しタイミングをずらすことでスネアを重たい感じにしたり、ブレイクビーツでも少しリズムがよれているものを使ってノリを出すというアプローチがよく取られていたのですが、僕は歌を引き立たせるために、あえて80年代っぽいズラさない打ち込みにしたのです。生のストリングスにしていたら、もっと歌謡曲っぽくなっていたかもしれないですね。

ストリングスの音源に何を使ったのかは記憶が定かでありませんが、数種類のシンセをミックスしていたような気がします。アタック成分用とそのほかみたいな感じですね。もしかしたら、E-MU Proteusシリーズ(*4)を使ったりしていたかもしれません。

サウンド自体は当時大ヒットしていたデスティニーズ・チャイルドからの影響を強く受けています。特にパーカッションやストリングスの打ち込みは、デスティニーズ・チャイルドの作品のアプローチにかなり近いですね。例えば、ピチカートの裏打ちなどはそうです。そういう意味では、当時のR&Bの匂いも少し取り入れています。

打ち込みのオケをあえてアナログのマルチトラック・レコーダー(*5)で録っている点もトピックの一つです。これはレコード会社のディレクターの方のアイディアで、その意図はキックとベースを太くしたいということでした。それで、いったんアナログで録って、それをデジタルに移してミックスしています。「もらい泣き」

***4 E-MU Proteus シリーズ**
サンプラーのEmulatorシリーズで一世を風靡したE-MUが80年代末から90年代にかけて発表していたシンセサイザー・シリーズ。「プロテウス」。一般的な楽器音を収録したモデルから、オーケストラ系に特化したモデル、民族楽器に特化したモデルなど、さまざまな製品が発売されていた。

のドラムやベースが太く、良い音なのはそのためです。

お気に入りは間奏の転調

この曲のアレンジで僕が一番好きなところは間奏の転調です。元のキーがGマイナーなんですけど、間奏でGメジャーに転調して、またGマイナーに戻るという形になっています。この展開のさせ方は自分でも気に入っています。

あとはやはり何といってもイントロのループが特徴ではないでしょうか。タブラのフレーズと、シンセのフレーズをミックスしたものをループにしているのですが、イントロだけでなく、サビでも使っています。そのためこのループが曲全体の印象を決定づけていると思います。

そのほか、サンプルなども随所に入っていますが、これらはこの時代からしてみると、ちょっと古くさく感じられるようなサウンドだったと思います。むしろ当時ですら懐かしいとも言えるようなものだったかもしれません。しかし、これはあえて使いました。アップトゥデートなサウンドを追いかけるのもアレンジャーとして大事なことですし、そういうことが得意な方もいらっしゃると思います。でも、僕はそういうタイプではありません。そこで、自分が得意な分野で勝負しようと思ったのです。

＊5
アナログのマルチトラック・レコーダー
90年代はSONYのデジタル・マルチトラック・レコーダー、SONY PCM-3348がレコーディング・スタジオの主流となり、アナログのマルチトラックレコーダーはあまり使われなくなっていた。

抽象的な歌詞の魅力

「もらい泣き」は曲先で、曲が出来上がった段階で一青さんに歌詞を付けてもらいました。サウンドが80年代後半から90年代初頭くらいの雰囲気なので、歌詞もその時代に見られるような記号的な言葉を使ったものにしようということで進めたのですが、これもなかなかすぐには完成しませんでした。サビだけは「ええいああ」でいこうと決めたのですが、そのほかのAメロやBメロは何回もやり直してもらっています。

結果、出来上がった歌詞はこの頃の日本のポップスには〝ない〟歌詞になっていると思います。パッと見てすぐにストーリーがわかるという歌詞ではないですよね。でも、僕はそれが逆に良かったのではないかと思います。〝これはどういう意味なんだろう?〟と想像してもらえる余地がある言葉の使い方や抽象性が彼女の歌詞の魅力のひとつでもあると思うのです。

一青さんの歌詞の良さは、単純なラブソングを書くのではなく、〝情緒〟のようなものを表現できるところだと僕は思っています。その作詞能力は彼女独特のものではないでしょうか。少なくとも、僕がそれまでにお仕事をご一緒させていただいたいろんなアーティストや作詞家の方たちとは全く異なるアプローチだと思います。例えば、ユーミンは私小説的であったり、自分の心情的なものを描いたり、ストーリー性がしっかりしている歌詞が多いと思いますし、拓郎さんの歌詞はメッセージ性が強いところが特徴です。その点、一青さんの場合はストーリーやメッセージ性を表に出すわけではありませんが、歌詞全体から〝情緒〟が醸し出されていると感じます。そこが魅力ですね。

サビのコーラスにもこだわり

「もらい泣き」は一青さんのフェイクも印象的ですが、あれは彼女が歌入れの最中に即興で歌ったものをピックアップしたんだと思います。ですから、僕が指示して歌ってもらったわけではないんです。そもそも、この曲の歌入れは僕ではなく、レコード会社のディレクターの方によるものです。もちろん、僕も一緒にいて「あでもない、こうでもない」とは言っていましたが(笑)。

ちなみに、ある時期以降から、一青さんをプロデュースする際は歌入れも僕が行うようになりました。彼女は飽きっぽいので(笑)、長時間の歌入れはできないんです。ですから、最初の1時間で録るようにしています。また、必ず最初から最後まで歌ってもらいます。途中から録るとか、ある部分だけ録り直すということは一切しません。それは僕が〝ここを歌ったからこそ、ここで出る表情〟というものを大事にしたいからです。必ずアタマから最後まで何テイクか歌ってもらい、その中から良い部分をチョイスするようにしています。
また、メインの歌だけではなく、サビの3声のコーラスも僕がこだわった部分です。一般的にキレイとされているのは3和音の形ですが、ここではメロディを優先して、ある瞬間は2声になったり、ある瞬間はオクターブになったりと、あえて不思議な雰囲気になるようにしました。

§

「もらい泣き」は、僕のキャリアの中で唯一、日本レコード大賞で編曲賞をいただいた曲です。一青さん自身も日本レコード大賞最優秀賞新人賞、日本有線大賞最優秀新人賞などを受賞されています。特にCMのタイアップがついたわけではなく、本当に曲の力だけで世の中に広まったという点で、プロデューサーとして、とても自信になった一曲です。

SONG 12

「ハナミズキ」

ARTIST

一青 窈

WORDS
一青 窈

MUSIC
マシコタツロウ

ARRANGEMENT
武部聡志

RELEASE
2004年2月11日

FORMAT
シングル

LABEL
コロムビアミュージックエンタテインメント

こだわりのストリングス・アレンジが
独特のムードを醸し出したメッセージ・ソング

前章に引き続き、一青窈さんの楽曲についてお話しましょう。次は「ハナミズキ」です。「もらい泣き」と同時期に作られた曲なのですが、全く趣の異なるアレンジで、この曲ではストリングスもシンセではなく生をレコーディングしました。

当初はAORだった⁉

前ページでも触れた通り、「ハナミズキ」はデビュー前の段階で既に存在していましたが、リリースされたのは2004年の5thシングルとしてでした。

しかも、作曲したマシコタツロウ君のデモ・テープでは、この曲はもっとAOR的なサウンドでした。すごくさわやかな感じで、サックス・ソロなども入っていたんです。それを聴いた僕の印象は「このサウンドではないな」というものでした。

ただ、そのデモ・テープには歌も入っていて、それが圧倒的に素晴らしかったんです。そこで、「ハナミズキ」を形にしようということになり、アレンジは全く違う形にすることになりました。

僕は、アレンジする段階で歌詞がある場合は、その内容や意味について尋ねるようにしています。「ハナミズキ」に関しても、それは同じです。この歌は一青さんにとっての〝反戦歌〟なんですね。いわば、彼女にとっての「イマジン」です。この歌詞に歌われているような想いをみんなが持つようになれば、戦争はきっとなくなるという歌。

でも、歌詞だけを読むと、すぐには意味が分からないような部分も多いと思いますし、一般のリスナーの方々は、その人なりの受け止め方というか解釈で、どういう映像を思い浮かべてもらっても構わないと思います。歌ってそういうものですよね。すべてを露骨にわかりやすく表現すればよいというものでもないわけです。しかし、プロデューサーとしての僕は、楽曲を理解していないと制作を進めていくことができません。ですから、作詞者本人から「こういうことなんです」と説明してもらうようにしています。

曲のダイナミクスを重視

「ハナミズキ」はレコーディングのときに曲のサイズについて、すごく悩んだ記憶があります。この曲は3コーラスあるのですが、どういう構成にしたら一番それがよく聴こえるかということを考えました。2コーラス目まではいいとして、3コーラス目に至るまでのアレンジをどう構築していくべきか、そこがポイントでした。

特に意識したのはダイナミクス、つまり曲の抑揚です。この曲はイントロがピアノとストリングスで始まって、最初のAメロはピアノだけになります。そして、Bメロからピチカート（＊1）のストリングスが加わり、サビでストリングスは弓での演奏となります。2番からはベースとギター、それにループも入りますが、ドラムが入るのは2番のサビからなんです。ここからストリングスがメロディを演奏する間奏にかけて一度、盛り上がりが最大になる状態を作っています。

間奏が終わって3番のAメロはまたピアノだけになります。ここでいったん落と

＊1
ピチカート
バイオリンなどの弦楽器で弦を指ではじく奏法。

しているわけですね。そして、その後半でストリングスが入ってきて、Bメロでギター、ベースが入り、3番のサビでまたドラムが入って再び盛り上がるという構造になっています。こういう曲の起伏はアレンジにおいて常に考えていることでもあります。

この曲のストリングスはすべて生で、編成は6／4／4／2です。独特なムードを醸し出していると思いますが、特にこだわったのは、最初に低い音域のピチカートを使い、1番のサビでもまだそれほど高い音域は使わずに、2番のサビでようやく高い音域まで使っているところです。また、アレンジの際には、ベーシックのリズムを録った直後に、そのオケを聴きながらシンセで一度シミュレートを行いました。それからスコアを書いて、あらためて弦をレコーディングしています。

この曲に限らず、ストリングスは必ず1曲2時間以内で録るようにしています。非常に限られた時間でレコーディングするということになるので、演奏者の方がいかに読みやすいスコアを作るかというのは、アレンジャーとしてとても大切です。これはストリングスに限らず、リズム譜に関しても同じです。例えば、拍をまたぐような音符の書き方は、とても読みづらいので、〝これで1拍〟ということが明確にわかる書き方を心がけています。僕もプレイヤーですから、自分が見てパッと弾ける譜面のほうがいいわけです。その辺りは音楽家として体に染みついたものがありますね。

ピアノと弦でも成立するアレンジに

ストリングスにこだわったのは、ピアノと弦だけを抜き出しても曲として成立するアレンジにしたいと思ったからです。だからある意味、厚みのあるストリングス・アレンジになっていると言えるかもしれません。ほかの楽器が入っているということを考えると、ここまで和音を明確にしなくてもいいのかもしれませんし、チェロがここまでベース音を弾かなくてもいいのかもしれません。しかし、ピアノと弦だけでも聴かせられるアレンジにしたいとなると、こういう形になるわけです。

このように、基本的に弦のアレンジはその他の楽器の編成によって、どのようなアプローチを取るかが変わってきます。ピアノと弦だけのアプローチと、ベースがいるときのアプローチは違いますし、そのほかの楽器がどういう演奏をしているかによって、どこの音域で鳴らすのがいいかも異なってきます。もっと細かく言えば、コードを密集（*2）にするのか、それとも開離（*3）にするのかという視点も必要ですし、Cコードなら〝ド・ソ・ド・ミ〟なのか〝ド・ソ・ミ・ド〟なのか、あるいは〝ド・ド・ソ・ミ〟にするのかといったことは、すべてケース・バイ・ケースです。

また楽器編成のことだけでなく、歌ものの場合はまずメロディに対してどうあるべきかを考えなければいけません。ある瞬間、歌に耳がいかなくなるような弦アレ

＊2 密集
コードの音の鳴らし方の一つで、1オクターブ内（例えばドレミファソラシドの中）でコードの音が収まっている形のこと。

＊3 開離
コードの音の鳴らし方の一つで、コードの音が1オクターブ以上にわたって配置されている形のこと。

ンジはやはり避けたいところです。耳が歌詞を自然に追えるのが理想ですね。その合間に弦の良いフレーズが入るのはいいのですが、それが過剰になり、耳が弦のフレーズにいってしまって、「アレ? 歌は?」となるのは困るわけです。

実際、弦の演奏家の方が歌ものをアレンジすると、その辺りがツーマッチになるケースもあります。これ見よがしに弦が主役になってしまうわけです。でも、R&B系の楽曲で、ストーリーを追うような内容でない歌であれば、それで成立することもあるんです。でも、「ハナミズキ」のような歌の場合は、やはり歌を追えるアレンジでないと意味がないと思います。

16か8かでノリは全く変わる

コード進行に関しては、マシコ君が作った時点とほぼ同じだと思います。ただ、マシコ君のアレンジはリズムが16ビート(*4)でした。だから、もうちょっとミディアムなテンポに感じたのかもしれません。それを、僕のアレンジでは8ビート(*5)のシンプルなリズムにしました。

テンポが70~74BPM(*6)くらいのバラードでは、キックを8分音符のノリにするか、16分音符にするかはすごく悩むところです。両者ではノリが全く変わってきます。この場合の判断基準はやはりメロディです。「ハナミズキ」の場合は、メロディ

*4
16ビート
アクセントが16分音符の位置にあるリズムのこと。ファンクやR&Bなどに多い。

*5
8ビート
アクセントが8分音符の位置にあるリズムのこと。ロックの基本的なビートの一つ。

*6
BPM
テンポの単位で「ビーピーエム」と読む。"Beats Per Minute"の略で、1分間に入る拍の数のことを指す。70~74BPMは比較的遅いテンポ。

の音符が16分音符のノリがあるんです。だから逆にキックなどはどっしりとした雰囲気になる8分音符のほうがいいと判断したのだと思います。メロディと同じ16分音符のノリでキックを入れてしまうと、リズムの雰囲気がすごく軽くなってしまいますからね。

「ハナミズキ」はメッセージ・ソングですから、重量感というか、ずっしりした感じが欲しいと思いました。軽くポップな曲ではなく、それなりの重さがある曲にしたかったんです。そういう観点から、8分音符のノリでリズムを構成しました。

歌の表情の変化

「もらい泣き」でも少し触れましたが、現在、一青さんとご一緒させていただくときは、歌入れも僕がやらせてもらっています。ずっと彼女の歌を聴き続けているわけですが、やはり昔と今では歌い方の表情に違いがあります。

昔は力ずくで感情を込めたような歌い方でしたが、最近は抜くことを覚えたように思います。150キロのストレートだけで勝負していたピッチャーが、スライダーやカーブを覚えた感じでしょうか(笑)。特に歌の各センテンスの語尾の処理が丁寧になって、デリケートに扱うようになりました。ただ、飽きっぽいのは相変わらずですが(笑)。昔はきっと、〝うまく歌おう〟という気持ちが強かったのかもしれません。誰しも、最初はピッチやリズムを正確に取ることに目が向きがちですし、若いころはパワーでいろいろなものをねじ伏せようとしてしまうと思います。しかし、キャリアを積んでいくと、それよりも大事なことがだんだん見えてくるのだと思います。

これは歌だけに限ったことではありません。例えばピアノでもそうです。フレーズ自体は音符で書こうと思えば、当然すべて書けるわけです。では「ハナミズキ」のイントロの譜面を書いたとして、何人かがそれを弾いたときに、全員が同じ演奏になるかといえば、そうはならないわけです。それこそが音楽の重要なポイントだと思います。

§

「ハナミズキ」はおかげさまでヒット曲となり、同名の映画にまでなりました。いまだに多くのアーティストの方にカバーしていただいています。これはやはり楽曲の力によるものではないでしょうか。この曲の意味するところをどれだけの方がご存じなのかはわかりませんが、もし皆さんが歌う機会があれば、自分なりにイメージを広げてみてもらえるとうれしいですね。

「ハナミズキ」のストリングス譜。
1stバイオリン、2ndバイオリン、ビオラ、チェロの4段譜となっている

こちらは「ハナミズキ」のマスターリズム譜

GUEST INTERVIEW **02**

一青 窈

Yo Hitoto

Artist

“「ルーツを探りなさい」
そう言ってくれたのは、武部さんだけでした”

数ある武部聡志プロデュース作の中でも、一青窈さんの「もらい泣き」「ハナミズキ」は2000年代を代表する名曲と言えるでしょう。本書でも「プロデューサーとして、とても自信になった一曲」と語られています。では、一青窈さんの目に武部さんはどのように映っていたのでしょうか。ここでは出会いから、デビューへの試行錯誤や楽曲制作の様子などをお尋ねしてみました。

PROFILE

東京都出身。台湾人の父と日本人の母の間に生まれ、幼少期を台北で過ごす。慶應義塾大学 環境情報学部（SFC）卒業。在学時、アカペラ・サークルでストリート・ライブなどを行う。2002年、シングル「もらい泣き」でデビュー。翌年、日本レコード大賞最優秀新人賞、日本有線大賞最優秀新人賞などを受賞。5枚目のシングル「ハナミズキ」、そして初のベスト・アルバム「BESTYO」が大ヒットを記録。書籍の執筆、映画や音楽劇への出演など、歌手の枠にとらわれず活動の幅を広げている。

「君がこれをやっても売れない」

――武部さんと初めてお会いになったときのことは覚えていらっしゃいますか？

●覚えています。当時の事務所の社長から紹介されて、私のデモMDを持って武部さんの事務所に伺ったんです。武部さんは真っ黒のプラダの服を着ていて、「わ、業界の人だ！」という感じでした。とにかく〝怖い〟という印象で（笑）、「これから私の目指す世界って、こんな人たちばっかりなのかな」と思いました（笑）。

――そのときのデモにはどんな曲を入れていたのでしょうか？

●ブラック・ミュージックやR&Bが本当に好きだったので、台湾のR&Bに自分で日本語の歌詞を付けたものとか、ホイットニー・ヒューストンやマライア・キャリー、あとはドリカムとかです。

――武部さんからはどんな反応がありましたか？

●「君のデモを聴いたよ。MISIAとか宇多田ヒカルとか、R&Bには歌がうまい人がたくさんいるから、君がこれをやっても売れない」とハッキリ言われました。そして、「そういうものではなくて、君にしかできないもの、君の中のあるソウルというものを一緒に探していきたいんだ」とおっしゃっていただいたんです。それからデビューするまでの4年間くらい、ずっと一緒にデモ・テープを作っていきました。お会いしたときはまだ大学生で22歳くらいだったと思うんですけど、それから26歳でデビューするまでコツコツと作っていました。時間かかりましたね。

――それは長いですね。途中で「この人で大丈夫かな？」と思ったりしたことは？

●思いました（笑）。やってもやってもなかなかOKが出ないので、〝何が正解なんだろう？〟とすごく悩みました。周りのみんなは就職していくし、当時はテレビでオーディション番組もたくさんやってて、10代半ばくらいの人がどんどんデビューしてスターダムに上っていくしで、〝このコツコツ作業にはいつ効果が出るんだろう？〟みたいな(笑)。不安でしたね。

――そのデモ作りはどんな感じで進めていたのですか？

●とにかくいろんな話をしてくださいました。カウンセラーみたいな感じですね。スタジオのブースの中で全然音は鳴らさずに、椅子に座って2人で向かい合って、「ねぇ、一青さぁ、最近どんなことあったの？」みたいな(笑)。それこそ恋話とか、よもやま話をたくさんしました。そうやって私の心を解きほぐしてくださったんです。もちろん、それだけではなくて、「この歌詞で何を伝えたいのか」といったことを話し合ったり、歌詞の書き方のテクニックを添削していただいたりとか、メロディに乗せたときの言葉の響きの話とか、そういうことも教えていただきました。

――イチから教え込まれた感じですね。

●若気の至りというか、あの頃は〝自分は歌がうまい〟と勘違いしていたんです。でも、そういう歌のうまさとかではなくて、私の〝伝えたい〟という気持ちをどう言葉に乗せて、どうメロディに乗せて、それをどうやって世の中に送り出していくかということが大切なんだということを手取り足取り教わりました。それでも〝いざ録るぞ〟となると、うまくできなくなっちゃっていたんですよ。震えるネコみたいな感じで(笑)、とにかく怖がって、ずっと緊張していたんです。OKもなかなか出ないから、〝ピシッとしていなくてはいけない〟と思っていました。本当に〝生徒〟みたいな感じでしたね。

――では、いつごろOKをもらえるように？

●歌い方については3年くらいかかったと思います。武部さんは「緊張しなくていいんだよ。どうしたら一青は楽に歌えるの？」とおっしゃるので、「じゃあ、家の中でいつも練習しているみたいなのがいいです」と言ったんです。そのころ家で練習するときは、歌っている声が外に漏れると近所迷惑になるから、真っ暗な物置みたいなところに布団や枕を詰めて、そのフカフカしたところに向かって練習していたんですよ。それを武部さんに言ったら、毛布をスタジオに敷き詰めて、ドラムに使うような低いマイク・スタンドを用意してくださいました。私は家にいるときみたいに靴を脱いではだしになって、毛布の上にベタ座りして歌ったんです。照明も落として薄明かりの中で。武部さんは「家でやってるように自由にフェイクしていいんだよ。何回失敗してもいいから」ってずっとレコーダーを回し続けてくれて。それでやっと武部さんが「録れた！」って顔をしたんです。そのときに〝これでいいんだ〟と思いました。うまく歌おうとか、カッコよく見せようとか、〝ええカッコしい〟の自分じゃない、ナチュラルな状態が一番喜んでもらえるんだということがわかったんです。はだしで歌うようになったのは、そのときからです。

——そこにたどり着くまでに3年もかかったんですね。

●そうですね。武部さんの〝この子に賭ける。この子と一緒に必ずいいものを作る〟というすごい本気度が伝わってきたので、とにかく目の前の武部さんと、1曲でも、たった1人の人でもいいから感動させられる何かを作ろうという気持ちでした。

母音をサビに使う

——「もらい泣き」が完成するまでにも、何回もやり直して時間がかかったそうですね。

●「ええいああ」のサビのフレーズができた時点で〝これがデビュー曲〟ということはみんなで一致したんです。でも、AメロやBメロは何度もやり直しました。サビになだれ込むジャンプ台みたいなものにするには、どうしたらいいんだろうということで、メロディのパターンを何十個も試したんです。その度に歌詞を新たに書いてはダメ、新たに書いてはダメの繰り返しで、〝もう書けん！〟みたいな(笑)。

――「ダメ」と言われたときは、武部さんにその理由を聞くわけですか？

●聞きます。そして明快な答えがありました。それは私の選んでいる言葉が難しすぎたり、今は使わない日本語だったりしたんですね。私としては文字として面白いとか、今は使わないけれどもなくなってほしくない言葉だったりして、それをあえて使いたかったんです。でも、武部さんは「それだと伝わる範囲が狭まってしまうから、その趣きでほかの言葉を探してくれないかい？」と。あとは「ちょっと暗い」とか。「メロディと相まったときに広がらない」ということもありました。私は〝これが要だったのに悔しいな〟と思いながら直していきました。

――作詞者としては譲れない気持ちもあったわけですね。

●ありました。でも、そこはただ武部さんを信じて、自分の欲求をいったん置いておくことにしました。武部さんに指摘されるときって、だいたいこねくり回して出てきた言葉なんですよね。純粋に湧き出てきて、〝何がなんでもこれなんです、生理的に肉体的にこうなんです〟という言葉に関しては「変えて」とは言われないので。

――それはやはり伝わるものなんですね！

●伝わります。やはりあれだけのアレンジを手がけている方だったら分かりますよ。

——それにしても〝信じ続けた〟ということ自体がすごいと思います。いつごろ、その信頼感は生まれたのですか？

●最初に会って「一緒に作ろう」と言ってもらったときから、ほどなくして。それからずっとです。それこそ〝添い遂げます〟〝これでダメだったら、私、本当に歌も何もかも諦めます〟という感じでした。直感というか覚悟ですね。それまでにもいろいろな人と会いましたけど、かけてくださる時間も熱量も全く違いましたから。ほかの方からは「もっと高い声で歌って」とか「もっと英語を使って」「若い子に伝わるような歌詞に直して」といったことを言われました。でも、武部さんは私自身の歌詞をそのままで、まるのままの自分を認めてくれたことが大きかったです。その上で、「じゃあ、一青の伝えたいことをどうやったら、もっとたくさんの人に伝えられるんだろう」と一緒に探してくれたんです。〝売れる商品を作ろう〟とか〝何となく流行っているからやってみよう〟という人とは全然違いました。

——一青さんの世界観と、より多くの人に伝えることを両立する方法を、武部さんもずっと模索されていたんですね。

●私が台湾とのハーフということで、「台湾の血、ルーツを探りなさい」、そう言ってくれたのは武部さんだけでした。そこで初めて台湾の歌謡曲やポップスを聴き出したりしたんです。それまでは全然興味ありませんでした。でも聴いてみたら、〝血が騒ぐ〟みたいな感覚があったんです。それで、もっと中国語を勉強しようとか、何で台湾の人たちはみんな歌がうまいんだろう？という興味を持ちはじめました。その中で〝アジア人のフェイク〟を再発見したりし、〝じゃあ、一青窈という人はどんな歌い方をするとキラキラと声が光るんだろう〟という練習の仕方に変わりました。

――本書の中にも書いてありますが、武部さんは初めて一青さんの歌を聴いたときに、フェイクがR＆Bのフェイクには聴こえなかったそうです。

●そうみたいですね。私は無理やり自分をブラック・ミュージックに近づけようとしていたんだと思います。それが〝はい、台湾です〟となったときに、すごくこぶしが転がるようになって、〝コレコレ〟と思いました。

――それが「もらい泣き」の「ええいああ」につながっていったわけですか？

●「ええいああ」は当時の私が聴いていた台湾の音楽で、母音がサビに使われている音楽がはやっていたことが大きいと思います。「え・え・え・あ・あ」みたいな感じなんですけどね。私が子供の頃に台湾語を勉強したときも母音の練習から始めたんです。日本語で言ういわゆる「あいうえお」みたいなものですね。〝ボポモフォ〟というんですけど。この音って子供たちもみんな学ぶので、何よりも子供が反応してくれるんです。〝これなのかな〟と思って「あえいおう」の母音で作ろうと思いました。だからテクニカル的な部分と精神的な部分、それに武部さんの指示があって生まれたという感じです。

――「ハナミズキ」はデモと本番ではアレンジを大きく変えたと武部さんから伺っていますが、歌詞はどうだったんですか？

●変えてないです。「ハナミズキ」は、ほとんど一筆書きで、20分ぐらいでできました。2001年9月11日に起きたアメリカ同時多発テロの、ツインタワーが崩れ落ちる映像をテレビで観て、すぐ書きました。

――その詞に対して、武部さんは変えようとは言わなかったんですね。

●そうです。書いたエネルギーが強いものほど、何も変えないでいくことが多いですね。

諦めずに側にいてくれる存在

――歌入れについてお伺いしたいのですが、武部さんによれば、最初の1時間で録るようにしているそうですね。

●私はほかの人がどうやっているのかを知らないのですが、大体5～6本、多くて7～8本くらい歌うと集中力が切れちゃいます。何度も繰り返して、だんだん定型ができてくると、つまらなくなってきちゃうんです。そうなると、歌声も弾まなくなるので、武部さんも〝もういいよ〟みたいな顔に(笑)。だから、最初の方でどんどん出していっちゃいます。

――どんなディレクションを受けることが多いですか？

●武部さんは、こねくり回してうまくなるのが嫌いなんです。初期衝動でバッと歌ったものが一番いいみたいですね。何回か歌ってリズムのことを考え出したり、〝ここら辺で一発フェイクとか入れたらどうだろう〟と思ってやってみたりすると、「そういうのいらない」みたいな(笑)。武部さんはフレッシュなもの、真っ直ぐで素直なもの、ピュアなものが好きですね。そういうものが聴いている人の心をキュンとさせるということを分かってるんだと思います。歌入れの後半で歌ったものは、自分で聴いても確かに上手には歌えているんです。でも温度感が低いので「これを聴いてもねえ」という感じ。だから、武部さんも伝えたい気持ちがあふれている方を取るんでしょうね。

――テクニカルな指示もあったりするんですか？

●音楽の技術的なことを言われても私はわからないし、武部さんも何度か言ってみて私がわからないようだったら諦めてます(笑)。それでも私ができるようになるまで付き合ってくれるんです。初期の頃、ジャネット・ジャクソンみたいなコーラスを入れようということがあったんですね。恐らく、私のR&B心を汲んでのことだと思いますけど。それで、ハモりを2時間くらい録ってたんですけど、全然合わなかったんです。エンジニアさんには休憩に入ってもらって、武部さんと2人で「もう1回」「もう1回」「もう1回」と延々とやったんですけど、私は〝何が「もう1回」なのか分からないなぁ〟と(笑)。アカペラ・サークル出身と言っておきながら、リードばかり歌っていたので、ハモれる人ではないんですよ。だから、何となく高く歌ってみるとか、何となく速く歌ってみるとか、そんな感じでした。それでも武部さんはずっと付き合ってくれたんです。〝この音で歌ってね〟というガイドのメロディみたいなものを聴かせてくれて、私がそれを暗記して、気持ちを込めて歌えるようになるまで、ずっと。もし、そうではなくて「チャチャッと直しておくから、いいよ、帰って」だと、こういう関係にはならなかったと思います。

——武部さんも、一青さんのことを信じていることが伝わってくるお話ですね。

●私は父が不在だったということもあって、大人の男の人がこんなに自分に向き合ってくれるというのがすごくうれしかったですね。本当にお父さんと娘みたいな関係でした。できの悪い娘みたいな失態のあれやこれやをずっと見てきて、それでも諦めずに側にいてくれて、尻をたたき続けてくれるというのはレアな関係だと思います。

2人で作った〝名曲〟

──「もらい泣き」がヒットしたとき、どう思われましたか?

ヒットしたと実感したのは1年か2年くらいたってからなんです。デビューが決まってレコード会社の人が来て、「もらい泣き」で行くぞ! みたいになったわけですが、そこからは武部さんのスタジオの小さいブースから高級なスタジオに移ってレコーディングしたりとか、HMVとかタワーレコードにポップが置かれたり、電車に中吊りが出たりとかしたんですけど、全部初めてのことだったので「ワーッ!」とは思いましたけど、まだ実感はありませんでした。同時に、毎日のスケジュールが本当に分刻みで埋まっていって、移動の車の中でカロリーメイトばかり食べて、来る日も来る日もプロモーションという感じで1年が過ぎ去っていったので、売れてるかなんてわからなかったんです。セカンド・シングルの『大家(ダージャー)』を録ってもそんな毎日が続いて、5枚目のシングル『ハナミズキ』でやっと振り返ってみたら、みんな私の名前を覚えてくれているという感じでした。

──武部さんと一緒に作られた作品は、どれも思い出深いものだと思いますが、中でも印象に残っている曲はありますか?

自分で言うのもアレなんですけど、武部さんとでしか作れなかった〝名曲〟があって、それは「翡翠」なんです(編注:シングル『もらい泣き』のカップリング曲。ベスト・アルバム『BESTYO』にも収録)。この曲は〝自分が伝えたい何か〟ではなく、〝武部さんが描きたい何か〟を言葉にしようと思った曲なんですよ。だから「武部さんはどんな恋をしてきたんですか?」とか「何が切なさだと思いますか?」みたいな話をしました。そんなふうに人のことを描いていくということをつかんだのは「翡翠」ですね。逆カウンセリングです(笑)。曲作りというのは、ある種の秘密みたいなことを分かち合うような部分があるのですが、「翡翠」では武部さんの大切なものを教えてもらえたので、じゃあ、これをうまく形にしようと思いました。

――プロデューサーがプロデュースされているみたいで面白いですね。

●武部さんは「こんないい芝居観たよ」とか、「このアルバム、絶対聴いた方がいいよ」とか、音楽に直接関係しなくても「この本読んだ方がいいよ」「この洋服かわいいよ」とか、いろんなことを話してくれます。本当に〝友達〟であり、〝父〟であり、〝師匠〟でありという感じです。私も武部さんに「この前、この人のライブに行ったら、照明がすごく良かったです」とか、美術館行ったら「これが良かったです」と言って、お互い良いものを交換しあって、合致したものを次の作品に落とし込むようなこともしています。

見たい絵を的確にピアノで返してくれる

――武部さんのピアノにはどんな印象をお持ちですか?

●本当に歌いやすいです。それが関係性によるものなのか、そもそも武部さんがすごくうまいからなのかはわかりませんが。武部さんの弾いたフレーズで、〝今、歌え〟という呼吸感がすごくわかるんです。ポエトリーリーディングしながら歌に入る瞬間などは、〝あ、ここはソフトに歌ってほしいんだな〟とか、本当に対話している感じです。私は自分で弾き語りをしないので、武部さんの弾くピアノを聴いて、〝わかりました。そう行くのなら、こう行きます〟と〝編んで〟いく感じですね。武部さんだけが先に走っていっちゃったり、私だけがいきがっちゃったりということもあるんですけど、それをうまく編めたときは感動します。恐らく、武部さんは人の求めていることをつかむ力が強いんだと思います。

――一青さんが欲しい音を奏でてくれる感じですか？

●そうですね。例えば、「ここは学校のチャイムみたいな、誰もいない木造の校舎の中で鳴る感じから歌い出したいんだよなぁ」と言ってから歌い出すと、そういう風景をピアノでどんどん描いてくれるんです。〝ああ、そうそう、木造の感じ。この湿度感〟と思ってまた歌っていくと、そういうメロディで答えてくれるんです。私の見たい絵を的確につかんで、ピアノで返してくれるんですよ。〟一青、これでしょ。これでしょ〟みたいな。楽しいですね、あと武部さんは職人気質なんですよ。弾けないフレーズとかを一心不乱に練習していたりします。自分で難しいフレーズをひねり出しているわけで、そんなに難しいならやらなくてもいいのにと思うんですけど（笑）。ゲームをクリアする少年のように何十回でも練習するんですよ。その姿はステキですね。ちなみに、武部さんがピアノの演奏を本番で間違えたことはこれまで1回しかないんですけど、そのときは「やった！」と思いました（笑）。

――名手と名高い武部さんですが、間違えることもあるんですね！

●それまでは正確なマシーンのようでしたけど、ようやく人間らしさを見ました（笑）。

――それでは、あらためて武部さんへ一言いただけますか？

●そうですねえ……。武部さんのピアノで歌いながら死にたいなぁ（笑）。武部さんの生のピアノをたくさんの人に聴いてほしいです。そしてできれば、そこで私が一緒に歌えるのであれば、うれしいです。

SONG **13**

「僕らの音楽」オープニング・テーマ

ARTIST

武部聡志

※音楽番組『僕らの音楽』オープニング・テーマ／フジテレビ系列／2005年4月1日～2014年9月19日

MUSIC
武部聡志

ARRANGEMENT
武部聡志

RELEASE
2017年2月22日

FORMAT
『日本の音楽と、武部聡志。～ HAPPY60 ～』収録

LABEL
ソニー・ミュージックダイレクト

世に送り出した中で最もテンションを多用したコード進行の曲

この曲はフジテレビ系列の音楽番組『僕らの音楽』のオープニング曲として作曲したインストです。この番組では10年以上にわたって音楽監督も務めさせていただき、その後の『西川貴教の僕らの音楽』などにもつながることになりました。

映像から導き出された曲

『僕らの音楽』は、２００４年４月から２０１４年９月までの10年あまりにわたって放映されていた音楽番組です。毎回、ゲストの方が生演奏で歌うという趣向で、僕は番組の音楽監督も務めさせていただきました。また、最初の１年間が第１期、その後に第２期、第３期と続いたのですが、第１期は僕と菅井えりさんによる作曲で、菅井さんのコーラスをフィーチャーしたオープニング曲（＊1）が使われていました。ここで紹介するのは、第２期以降のアルト・サックスをフィーチャーしたインストゥルメンタルのオープニング・テーマ曲です。

この曲は言ってみれば〝嘘ジャズ〟（笑）。そして、世の中に出た自分の曲の中で最も難しいコード進行かもしれません（笑）。テンションがたくさん入っていますからね。

依頼されたときには、まず番組のオープニング映像を見せてもらいました。それは東京の夜景を空撮しているようなＣＧで、その映像に合う音楽を作ってくださいと言われたんです。また、この番組は夜の深い時間帯（＊2）に放映する大人の方々に向けた上質な音楽番組というコンセプトだったので、それもヒントになりました。

そこで、僕はメロディを演奏する楽器をなぜかサックスにしたんです。そして、自分はＲＨＯＤＥＳ（＊3）を演奏することにしました。ピアノじゃなかったんですね。

＊1
菅井さんのコーラスをフィーチャーしたオープニング曲
２００４年発表の武部聡志ソロ・アルバム『ＰＩＡＮＯ ＭＡＮ II』に収録。

＊2
夜の深い時間帯
第１期は土曜日の23時30分から、第２期は金曜日の23時30分から放送されていた。

＊3
ＲＨＯＤＥＳ
「ローズ」。エレクトリック・ピアノ（エレピ）の代表的なモデル。

なぜなのかは自分でもよくわからないのですが(笑)、恐らく、映像のイメージにはサックスが合うと感じたんだと思います。

スティーヴィー・ワンダー&ラムゼイ・ルイスの「ラヴ・ノーツ」

作曲にかけた時間は30分くらいだったと思います。レコーディングする日の午前中に作りました。

僕はジャズに関してそれほど詳しくないのですが、学生時代はクロスオーバーやフュージョンをよく聴いていました。ポップス寄りの曲が多かったのですが、中でもメロディックなものがすごく好きでした。例えば、ハービー・ハンコックでも、モロにジャズという曲よりも、ちょっとメロディックになってからの方が好きですし、ジョージ・デュークやザ・クルセイダーズも好きでした。ザ・クルセイダーズのキーボーディスト、ジョー・サンプルの影響はいまだにありますね。RHODESを弾く人の中では一番好きかもしれません。ですから作曲にあたっては、そうした音楽の雰囲気を出せればと考えていました。

また、ボサノバっぽいリズムの曲ですが、完全なボサノバにはしたくないと思っていました。ガット・ギターがボサノバっぽく演奏していても、ドラムまでボサノバのようなリズム・パターンを刻むようには絶対したくなかったんです。ですから、この曲のドラムはコンプ強めで、普通のジャズよりも荒い音、ザラッとした感じになっています。

アレンジ的に取り入れたかったのは、例えばメインのメロディからBメロへ移ったときに、サックスとフルートがオクターブ・ユニゾンになるようなところです。この部分のバッキングのコードはスティーヴィー・ワンダーがお手本になっています。曲としては全く似ていませんけど、サビの1小節目から2小節目でコードが半音で動く部分などはスティーヴィーの影響です。

もともと、スティーヴィー・ワンダーが曲を書いたラムゼイ・ルイスの「ラヴ・ノーツ」という曲が大好きで、そういうインストを作りたいという思いを持っていました。歌ものの作曲家が書いたような鼻歌みたいなメロディなんだけど、ジャズのインストゥルメンタルであるという曲、そういうものを作りたいと漠然と思っていたんです。その気持ちとこの曲の依頼が〝ピッ〟と結びついたんだと思います。

これだけ長く音楽家を続けていると、さまざまな音楽を聴いていますし、好きなものも自分の中に蓄積されているんですよね。それが何かのきっかけで、〝これとこれを結びつけたらどうなるんだろう?〟という感じで出てくることがあるんです。自分の中の引き出しにあるファイルを取り出すような感覚ですね。この曲もそうしたケースの中のひとつと言えるかもしれません。

ですから、この曲はインストですが、歌ものを作るような気分で作っています。

実際、この曲に歌詞を付けて歌にしたいというオファーをいただいたこともあります。そもそも、僕はジャズでも音符がバラバラとたて込んでいるものよりも、メロディの骨格がハッキリしているものの方が好きなんです。

演奏していただいたのは、ドラムはサックス奏者の坂田明さんの息子さんの坂田学君、パーカッションは三沢またろうさん、ベースは渡辺等さん、ギターは田中義人君、サックスは竹上良成君です。このメンバーは僕がお声がけして集まっていただきました。作曲したのはレコーディングの当日なので、皆さんにはそれよりも前にお願いしていたわけですが、何となく〝こういう曲になるだろうな〟というイメージがあって、それに合うミュージシャンの方に集まっていただきました。

譜面の書き方

作曲、アレンジを行ったら、レコーディングではミュージシャンの方に譜面をお渡しするわけですが、その譜面の作り方は作曲家、アレンジャーによってさまざまです。音符をどこまで書いて、どの程度、ミュージシャンの方にお任せするのかは、当然、曲によっても異なってきます。特に、コード・ネームの表記に関しては、実はあいまいに書く方が少なくありません。細かい部分はミュージシャンの解釈に任せるというスタンスですね。しかし、僕の場合は〝その通りに弾いてほしい〟というコード名を書くようにしています。特にこの曲のようにテンションが多い曲において、コード名の指定は重要です。僕は絶対に入れてほしい音は書きますし、入れてほしくない音は書かない、という譜面を作るようにしています。

例えば、〝Cm〟とコード名が書いてあったら、セブンスの〝シ♭〟音は絶対に弾いてほしくないんです。セブンスを弾いてほしいときは〝Cm7〟と書きますから。当然、ナインスも入れてほしくないわけです。入れてほしいときは〝Cm7(9)〟と書きます。〝Cm〟と書いてあったら、絶対に〝ド・ミ♭・ソ〟以外には弾いてほしくないわけです。

でも、コードをあいまいに書く作曲家やアレンジャーも多いので、ミュージシャン側としては、ちょっとシャレッ気を出してマイナー・セブンスを入れたりするわけです。そういうときは〝僕の譜面はそういうものではないですよ〟と必ずお伝えするようにしています。〝弾いてほしくないから書いてないんです〟と。

実際、マイナー・セブンスとオープン・コードのマイナーの響きは違いますし、〝A〟と〝A6〟の響きも絶対に違いますからね。僕の譜面は〝ここではマイナー・セブンスになってるけど、ここでは絶対に入れてほしくない〟ということを伝えるためのものなんです。

なぜ、そういう譜面の書き方をするかというと、僕のアレンジでは響きがすごく重要だからです。楽曲は和音の響きの連続ですよね。ある歌詞の、あるメロディの瞬間を切り取ったときの響き、それがすごく大切だと考えています。だからこそコード・ネームの書き方にもこだわるし、音の積み方にもこだわるし、それこそストリングスの積み方にもこだわるわけです。

§

最後は譜面の書き方の話になりましたが、もうひとつだけ。〝A9〟と書いたら、それは〝A7(9)〟のことです。セブンスを入れてほしくなかったら、〝Aadd9(*4)〟と書きます。意外とそういう基本的なことを知らない若手の方は少なくないようなので。念のためここに記しておきましょう。もちろん、楽器を演奏しない読者の方には関係のないことですが(笑)。

＊4 Aadd9
「エーアドナイン」。コードの種類には大きくわけて3つある。1つめは3つの音を重ねた3和音、2つめは4つの音を重ねた4和音、そして3つめは4和音へさらにテンションの音を重ねたテンション・コード。つまり、通常〝9〟(ナインス)などのテンションの音は、4和音へさらに音を重ねることが前提となっているが、3和音に直接テンションの音を加える場合もある。これを表すのが〝add〟の表記。

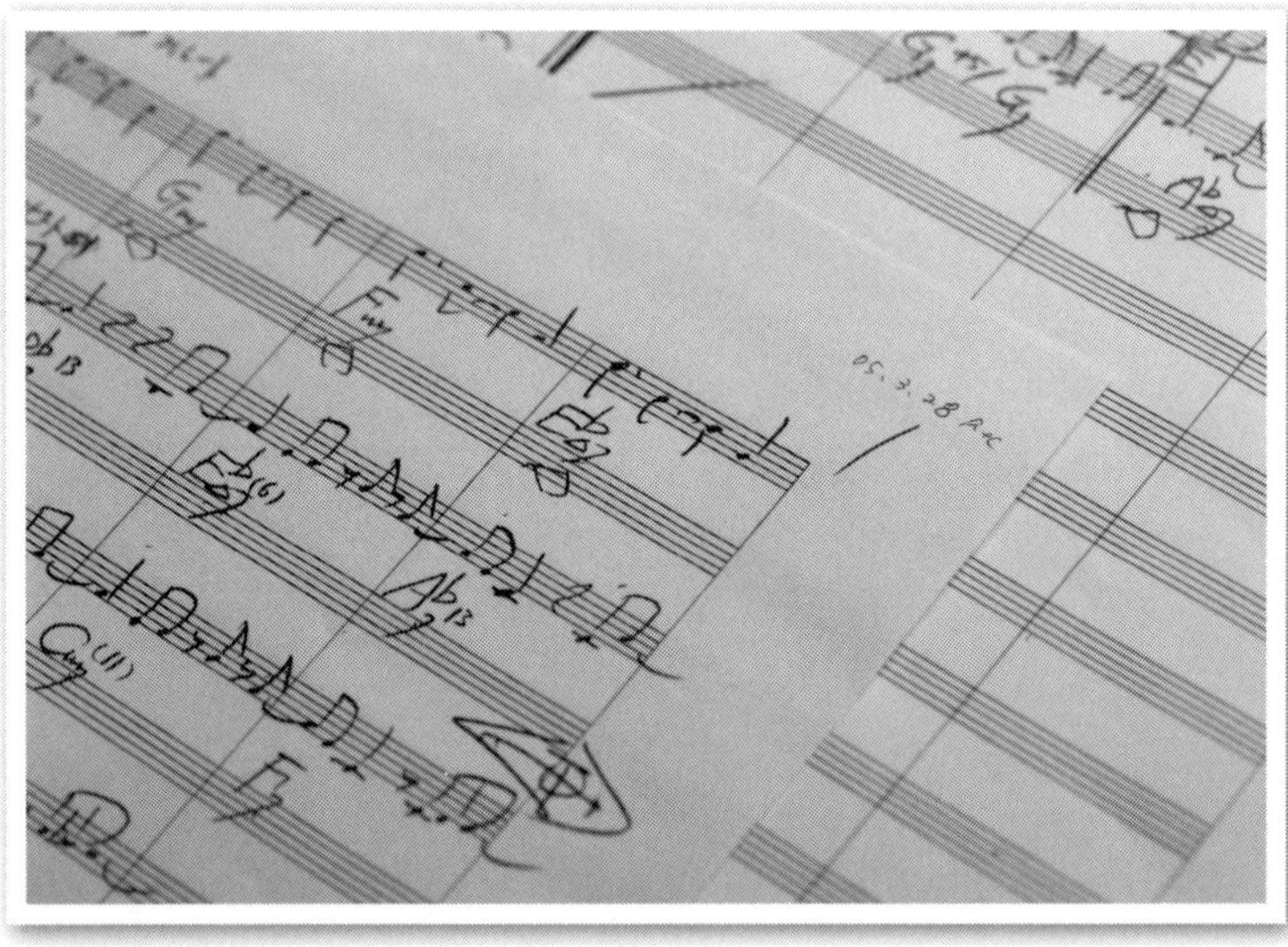

「僕らの音楽」のマスターリズム譜
“05. 3. 28 Rec”とレコーディング日時も記載されている

SONG 14

「桜色舞うころ」

ARTIST

中島美嘉

WORDS
川江美奈子

MUSIC
川江美奈子

ARRANGEMENT
武部聡志

RELEASE
2005年2月2日

FORMAT
シングル

LABEL
ソニー・ミュージックアソシエイテッドレコーズ

桜の木と四季の情景を描いた
コンセプチュアルなバラード

この曲は、作詞／作曲を手掛けた川江美奈子さんの代表作の一つと言っていいでしょう。僕は曲作りの段階からプロデューサーとして参加し、中島美嘉さんの魅力を最大限に引き出すべく、2人で綿密に練り上げていきました。

無欲の勝利

「桜色舞うころ」についてお話する上で一番大事なことは、この曲の作詞/作曲を手掛けた川江美奈子さん(*1)というアーティストに出会ったことです。

一緒に仕事を始めたのは、確か1999年くらいだったと思います。最初は僕がプロデュースするアーティストに作家として曲を書いてもらっていたのですが、その後は、彼女自身のアーティスト活動もプロデュースするようになりました。

この曲を作った当時、川江さんはまだ作家として売れているわけではありませんでした。一方で、中島美嘉さんはデビュー曲で既にヒットを飛ばしていたアーティストでしたから、そんな彼女に曲を書くということは、かなり完成度の高いものを提出しなくてはいけないという思いでした。いわば〝必勝を義務づけられていた〟わけです。そこで、どういう曲にするかについて、彼女と非常に細かいところまで話し合って、詰めていきました。

実はこの曲はコンペ(*2)でした。つまり、曲を作って提出しても、採用されるとは限らないわけです。逆に言えば、僕らとしては絶対に採用されるような力のある曲を作りたいと思っていました。

曲のイメージとしては、中島さんのアーティスト性を最大限に引き出せて、彼女の声の魅力も伝わるような上質なバラード、そして川江さんの持っている色合いに、

*1
川江美奈子さん
シンガー・ソングライターであり、数多くのアーティストに楽曲を提供している作曲家、作詞家でもある。中島美嘉をはじめ、今井美樹、一青窈、平原綾香、郷ひろみなどの作品に参加している。アカペラ・グループTRY-TONEのメンバーとしてデビュー。その後、バークリー音楽大学へ留学。帰国後は作家として活動しながら、2004年にソロ・アーティストとしてシングル『願い唄』でメジャー・デビュー。これまでに5枚のアルバムを発表しており、2013年にはバンド、Travelling Circusを結成。

僕が作りたい世界観を投影したものにしたいと考えていました。

ただ、川江さん本人は売れるものを作ろうという意識ではなかったようです。むしろ、物語性があって、いい作品を作りたいという純粋な思いのほうが強かったんだと思います。本人に聞いたら、〝ただ家の外の遊歩道の桜を見て書いた〟と言ってました(笑)。

結果、コンペを通ったわけですが、これはまさに〝無欲の勝利〟だったと言えるでしょう。

四季を巡る言葉

「桜色舞うころ」は、桜の木を中心に四季を巡る物語が展開する歌詞となっています。これは川江さんのアイディアによるものです。歌詞の中に春の情景で「桜色」、夏は「若葉色」、秋では「枯葉色」という言葉が出てきます。では、冬はどうしようかということになったわけですが、これに関しては随分と話し合いました。最終的に「雪化粧」を採用したのですが、それまでには恐らく10種類くらいの言葉を検討したと思います。

もともと僕は歌詞からアレンジを喚起されることが多かったのですが、一青窈さんのプロデュース以降、より歌詞の世界に重きを置くようになっていました。特に

＊2
コンペ
コンペティション(competition)の略。広く楽曲を募り、その中からリリースする曲をセレクトする制作方法。Jポップではこのコンペによって楽曲が選ばれることが多い。

この頃は、言葉から導かれるサウンド感やアレンジ、アンサンブルの組み立てなどを、ものすごく追求していました。やはり、メロディと歌詞があって、その歌の表情みたいなものが見えているとアレンジもしやすいんです。もし、この曲をアレンジするときに歌詞が付いていなかったら、今リリースされているようなアレンジにはならなかったかもしれません。それほど、歌詞が完成しているというのは、僕にとってはとても大切なことなんです。

また、歌詞に関しては〝歌詞カードを見なくてもわかる〟ということを大事にしたいと思っていました。〝わかりやすい〟と言ったら語弊があるかもしれませんが、言葉が複雑すぎて歌詞カードを見ないとストーリーがわからないとか、情景が浮かばないということにならないようにしたかったんです。音を聴いただけで、その言葉のストーリーや景色が見えてくる、そういう曲を目指しました。

これは「桜色舞うころ」に限ったことではなく、川江さんが自分で歌う曲をプロデュースするときにも心がけていることですし、今でも自分のポリシーの一つとして常に念頭に置いていることです。昔と違って、今はオーディオ機器の前で歌詞カードを見ながら音楽を聴くということはなかなかないですよね。だから、例えば街で流れてきたり、何かの瞬間にその曲に触れたとき、言葉が持っている世界がパッとわかるということはすごく大事なことだと思っているんです。〝伝わりやすい〟言葉選びということですね。パっと聴いたときに、それが何のワードかわからないというのは嫌なんです。

そういう意味で、「雪化粧」は、それだけで情景を想像することができる言葉でした。もちろん、2番までは「桜色」「若葉色」「枯葉色」と「色」が付いているので、〝ナントカ色〟にそろえたいという気持ちもありました。しかし、比喩的な表現で伝わりづらくなるのは避けたかったんです。そして、「桜」「若葉」「枯葉」というワードは、〝色〟がなくても、それだけで春や夏、秋という季節を明確に表しています。それと同じく明確に冬だと分かるワードにするほうが、〝色〟にこだわるよりも大切だと判断しました。

それに、4回目に〝色〟ではないイレギュラーな言葉が出てくるのも、実は〝アリ〟なのではないかとも思いました。むしろ、4回目にも〝色〟が出てきたら、〝またか〟という感じになってしまいますからね。

キーの変更

曲がコンペで採用された後に、とても印象深いことがありました。プリプロを行ってデモを作ったのですが、そのデモで中島さんが歌うという機会があったんです。いわば曲の仮縫いみたいなことをしたわけですが、そのときに中島さんの方から、〝もっと高いキー（＊3）で歌いたい〟というリクエストがありました。ボーカリストの

＊3
キー
曲の調のこと。

方からキーを高くしたいと言われることはなかなかありません。これはとても珍しいことでした。作曲時には、もちろんキーを想定して作るわけですが、恐らく、中島さんはものすごく気持ちよく歌えたのではないでしょうか。いつも以上に伸びやかに歌えたから、もっとキーを高めに設定していいのではということになったのだと思います。

そこで、キーを半音上げたデモを作り直し、本番のボーカル・レコーディングはそのデモを使って行われました。その完成形の歌を中心として、オケのレコーディングを行っていきました。最後に歌を録るのではなく、プリプロのデモで歌を録ってしまって、それに対してどうアプローチしていくかという制作方法ですね。今でもそういうパターンで制作する楽曲はあります。

斬新な転調

「桜色舞うころ」は構成もすごく凝った作りになっています。1番が春のシーンと夏のシーンでその後にサビが入り、2番で秋のシーン、それから〝落ちサビ〟ならぬ〝落ちAメロ〟として4番の冬のシーンがあって、そこからまたサビを2回繰り返すのですが、2回目は転調しています。そして、再びAメロで春のシーンが出てきて終わります。冬で終わるのではなく、季節を一巡するという構成もまた、この曲の良さではないでしょうか。これはやはり四季を巡るというコンセプトがあったからこそできたものだと思います。

また、冬のシーンの後のサビで転調するのは川江さんのアイディアによるものですが、これも非常に斬新です。1回目のサビの最後のフレーズ「生き続けて」の「て」で転調するのですが、ここは普通だったら、1小節くらいの転調のためのモーションを設ける場面だと思います。それをあえてメロディの最後の1音で転調しているんです。これを自然に聴かせられるというのは、川江さんならではだと思います。

イントロや間奏の少し和を感じさせるフレーズも、川江さんのアイディアによるものです。川江さんはバークリー音楽大学を出ているのですが、コード・ワークやコードとメロディの関係性に関して、良いアイディアをたくさん持っていらっしゃいます。僕がソロ・アーティストとしての彼女をプロデュースしたいと思ったのも、そういうところに魅力を感じたからかもしれません。川江さんは単純に良い曲を書けるというだけではなくて、響きであったり、曲の展開を自分で考えることができるんです。

これは、もともとサークルでアカペラ・グループをやっていたからかもしれません。とにかく、音の積みにはすごく敏感で、ハーモニーというものをすごく大事にされています。そういう部分でお互いに共感できて、シンパシーを感じる部分があるんだと思います。そして、そういう作家と一緒に作った曲だからこそ、この「桜色舞うころ」は僕がプロデュースした曲の中でも、展開やコード・ワークの面で高い完成度の作品になったのでしょう。

ハープは和的なフレーズにも合う

この曲は、プリプロ段階では基本的にほとんどのパートを打ち込みで作りました。そして、先ほどもお話したようにボーカルの録音が行われて、その後にピアノ、弦、ハープ、それにベースを生に差し替えていきました。ベースはフレットレス(*4)なのですが、これはプリプロのときからイメージしていました。カッチリしていない、揺れていく感じが欲しかったんです。季節が巡りゆく感じとか、木々の葉が揺れている感じ、そういう情景を表現するには、カッチリとしたビートが出るようなサウンドではない楽器が必要だと考えてのことでした。

楽器の中ではハープの色合いもとても大切なポイントになっています。ハープはクラシカルな西洋の楽器ではありますが、この曲のような和的なフレーズや展開にもすごくフィットするんです。演奏していただいたのは朝川朋之さんという名手で、ハープを入れるときには必ずお願いしています。この方以外には考えられないと言ってもいいかもしれません。クラシックの演奏ももちろん行われているのですが、僕だけでなく、日本のポップス・シーンで数多くのレコーディングに参加されてい

＊4
フレットレス
指板にフレットが打たれていないエレキベースのこと。フレットは音程を明確に区切るための金属の棒だが、これがないフレットレス・ベースは、音程が滑らかに変化する独特な音色になる。なお、コントラバス(ウッド・ベース)をはじめ、バイオリンなどのストリングス楽器はもともとフレットがない。

ます。音符で譜面を書かずに、コード・ネームだけでもプレイできる数少ないハープ・プレイヤーだと思います。

ドラムは生に差し替えなかったのですが、これは少し人工的な雰囲気のほうが、逆に上もの（*5）の表情が生きるんじゃないかと思ったからです。打ち込みでも、生ドラムのシミュレーションのようなアプローチもありますが、この曲はそういう方向ではなく、無機的な感じにしています。ベースはそのドラムの下でうねっていて、上ではピアノやストリングス、ハープなどが景色を作ったり、彩りを添えていくという形ですね。普通の生ドラムだったら、後半にいくにつれ音も大きくなり、フィルなどで盛り上がっていきますが、この曲ではそういう盛り上げ方ではなく、あくまで上ものの表情を生かすドラムにしたかったので、あえて打ち込みのままにしました。

*5
上もの
「うわもの」。ドラムやベースなどの曲の土台を支えるリズム系以外の楽器パートのこと。

acousticバージョン

「桜色舞うころ」のシングルには〝acoustic〟というバージョンも収録されています。これはピアノと弦だけの編成で、しかも、元曲とは違うアレンジでレコーディングしました。レコード会社のディレクターや制作サイドの方々が、曲を気に入ってくださったからこそ実現したことだと思います。とてもありがたいことです。

この〝acoustic〟バージョンは、ドラムなどのリズムが入っていないので、ピアノと弦だけで展開や表情を付けられるようなストリングス・アレンジにしました。そもそもドラムなどが入るような曲の場合、弦のアレンジを考えるのは、ドラムやベース、ギター、キーボードなどのトラックを作って、その後からということが多いと言えます。それは、ピアノのフレーズなど他の楽器の動きを把握した上でないと、ストリングスが生きるフレーズにならないからです。

ちなみに、最近はプリプロでストリングスのフレーズまで作ってしまうこともあるので、その場合は打ち込みのストリングスを聴きながらリズム録りを行います。それでも、ストリングスにあたるようなピアノを僕が弾いてしまうこともあるんですね。どうしてもついつい勢いで(笑)。そういう場合はストリングスのレコーディングのときにフレーズを修正します。

驚きのマスタリング

この曲にはもうひとつトピックがあります。それはマスタリング(*6)がとても素晴らしかったことです。当時の中島美嘉さんのスタッフの方の希望で、ロンドンにあるメトロポリスマスタリングで、スチュアート・ホークスというエンジニアの方が手掛けているのですが、とても驚きました。EQ(*7)によるものなのか、コン

*6
マスタリング
CDなどの音楽制作における最後の工程。歌や楽器を録音(レコーディング)して、それらのバランスや音質を調節してステレオのファイルを作ると(ミックス・ダウン)、それでいったん曲としての形は出来上がる。このステレオのファイルをCDや配信などの最終的に販売されるメディアに最適化するために、音質や音量などを調節してマスターとなるファイルを作成する工程がマスタリング。基本的には専門のマスタリング・エンジニアが担当する。メトロポリスマスタリングは世界的にも有名なマスタリング・スタジオの一つで、スチュアート・ホークスはエイミー・ワインハウスやアヴィーチー、ロード、エド・シーランなどを手掛ける同スタジオのベテラン・エンジニアの一人。

プ(＊8)によるものなのか、なぜそれほどの違いが出たのかは分からないのですが、素晴らしく良いバランスだったんです。制作中とマスタリング後で、これほど音の違いを感じたのは初めてと言っていいくらいで、本当にマジックのようだと思った覚えがあります。

§

「桜色舞うころ」を手掛けていた当時は、松たか子さんや一青窈さんのプロデュースを経て得てきた2つのことが常に頭の中にありました。一つは、アーティストの色合いを掘り下げていくこと、そしてもう一つは世の中の人にキャッチーな作品として受け取ってもらえることです。その2つのバランスをすごく考えるようになっていました。

〝メロディをこうした方が多くの人に伝わるんじゃないか〟とか〝サウンドをこうした方が分かりやすくなるんじゃないか〟ということと、〝それよりもこうした方がその人の色合いを深く出せるんじゃないだろうか〟ということを同時に考えている状態、両方を見ながら進めていくスタイルになっていたんです。それが結果として形になった曲のひとつが「桜色舞うころ」だと思います

この曲に漂う和のテイストは僕の志向であり、また川江さんの志向でもありました。一方、当時の中島さんといえば、R&B系の歌姫的な雰囲気で見られていたことが多かったように思います。そこに和の要素を持ち込んだ歌詞とサウンドのコン

＊7
EQ
「イーキュー」。イコライザー(equalizer)の略称。音質を調節するエフェクターの一種。

＊8
コンプ
コンプレッサー(compressor)の略。音量のバラ付きを抑えることが主目的のエフェクターの一種。

セプトによって、それまで中島さんがやってこなかった路線を打ち出すことができました。

そして、最終的にはジャケットやミュージック・ビデオに至るまで、中島美嘉さんの新しい一面を一貫した世界観で見せられたプロジェクトになったと思います。特にミュージック・ビデオが素晴らしいんです。恐らく、川江さんの楽曲がそういう映像を喚起する、アート系のクリエイターたちをも刺激するような曲だったのだと思います。機会があれば、ぜひご覧になってください。

SONG 15

「Progress」

ARTIST

kōkua

※音楽番組『プロフェッショナル 仕事の流儀』テーマ曲
NHK／2006年1月10日放送開始

WORDS
スガ シカオ

MUSIC
スガ シカオ

ARRANGEMENT
武部聡志／小倉博和

RELEASE
2006年8月2日

FORMAT
シングル

LABEL
BMG JAPAN

ロングラン・ドキュメント番組の顔となった“架空バンド”の代表作

これまでキーボーディスト、アレンジャー、プロデューサーとして、さまざまな仕事をしてきましたが、もし「プロデュース作で一番の自信作は何ですか?」と尋ねられたら、恐らくこの曲を挙げると思います。それくらいの自信作です。

コンセプトは〝架空のバンド〟

「Progress」は2006年1月にスタートしたNHKのドキュメンタリー番組『プロフェッショナル 仕事の流儀』のテーマ曲です。

この曲を作るにあたっては、スガシカオ君をメイン・ボーカルに据えたバンド、kōkuaを結成しました。メンバーはギターが小倉博和君(*1)、ドラムが屋敷豪太君(*2)、ベースが根岸孝旨君(*3)で、僕がキーボードです。このバンド・メンバーを集めるところから、僕のプロデュースは始まり、曲が完成するまでには、たくさんの「マジック」が起こりました。

事の発端は、NHKのプロデューサーの方から「新番組の主題歌をプロデュースしてほしい」という依頼をいただいたことでした。それまで放送されていた『プロジェクトX〜挑戦者たち〜』(*4)が終了し、後継番組として『プロフェッショナル 仕事の流儀』が始まるということ、その番組ではさまざまな職業で、その道を極めている人を毎回掘り下げていくということなどを伺いました。

そこで僕はいろいろなプロデュースのプランを考えはじめたのですが、やはり前身番組である『プロジェクトX〜挑戦者たち〜』のことが頭にありました。この番組は製品開発の秘話などに焦点を当てた骨太なドキュメントとして人気を博していましたし、何より主題歌は中島みゆきさんの「地上の星」でした。この曲は中島さ

*1
小倉博和君
ギタリスト／プロデューサー。桑田佳祐、福山雅治、大貫妙子、槇原敬之など、数多くのアーティストの作品やステージに参加。また佐橋佳幸とのギター・デュオ、山弦としても活動。近年はソロ・アーティストとしてアルバム『GOLDEN TIME』『Summer Guitars』を発表している。武部聡志とは、加藤いづみとともにユニット、Smiles & Tearsとしてユニット活動も行っていた。

*2
屋敷豪太君
ドラマー、プロデューサー。MUTE BEAT、MELONを経て、1988年に渡英。Soul II Soulの作品に参加し、グランド・ビートを生み出す。1991年にはシンプリー・レッドのメンバーとして活躍。2004年

んが『NHK紅白歌合戦』に出場されるなど、大ヒットして話題にもなっていたので、それに勝ちたいというのもヘンですけど(笑)、同じようなアプローチはとらないほうがいいだろうと思ったんです。つまり、僕が女性アーティストをプロデュースして歌ってもらうだけでは、新番組の主題歌として弱いんじゃないかと考えたんです。

もちろん、番組サイドは〝主題歌は●●〟という形で、誰もが知っているようなビッグネームの名前を打ち出したかったのではないかと思います。それはわかっていましたが、僕はそうではない提案をさせていただいたんです。

その提案というのは、メンバーすべてが〝つわもの〟、つまり〝プロフェッショナル〟である〝架空のバンド〟で曲を作るというアイディアです。このバンドがテーマ曲を演奏するという形が、番組のコンセプトにふさわしいのではないかというお話を番組の方にさせていただきました。そして、もうひとつ提案させていただいたのは、スガシカオ君をリード・ボーカル、そしてソングライターに迎えたいということでした。

理想の声を持つボーカリスト

なぜスガ君だったかというと、まず僕が一方的にファンだったからです(笑)。そ

から拠点を国内に移して、ソロ・プロジェクトやサントラの分野にも活動の幅を広げる。多数のアーティスト作品にも参加し、近年は小原礼とのユニットThe Renaissanceや、ダブバンドのDUB FORCEでも活動している。

＊3 根岸孝旨君
ベーシスト、音楽プロデューサー。Cocco、GRAPEVINE、くるり、中島美嘉、aiko、miwa、夜の本気ダンスなど数多くのアーティスト作品をプロデュース。ベーシストとしては、サザンオールスターズ、奥田民生、吉井和哉、藤井フミヤ、いきものがかり、ポルノグラフィティなどのレコーディングやライブにも参加。また、Dr.StrangeLove、JUNK FUNK PUNK、kōkuaのバンド・メンバーとしても活動。

して、彼はソロ・アーティストとしても素晴らしいと思っていましたが、自分がバンドを組むと考えたときに、そのボーカリストとしてすごく理想に近い声を持っていたからです。端的に言って好きな声なんですね。また、スガ君とは『僕らの音楽』などの音楽番組でもご一緒させてもらっていたので面識もありました。

そこで、早速スガくんを口説きに行ったわけですが、僕は彼に番組を象徴するような曲、何年間にもわたって毎週放送されるような曲を作りたいということ、またスガ君のソングライティング能力、とりわけ言葉を書くということについて、すごくリスペクトしているということを伝えました。〝スガシカオ〟というソロ名義ではないわけですから、どう受け取られるだろうという不安はあったのですが、快く引き受けていただきました。

そして、バンド・メンバーに関してもスガ君と打ち合わせしました。まずギタリストに関しては、小倉博和君にやってもらいたいと思っているということを僕から提案させてもらいました。逆に、スガ君からはドラムは屋敷豪太君がいいのではと提案してもらったんです。豪太はちょうど日本に帰って活動をはじめていたころだったので、タイミング的にもちょうど良かったんですね。

また、メンバーは全員がプロデュース・ワークをできる人がいいなと思っていました。単なる演奏者ではなく、プロデューサー的な視点で楽曲にアプローチしてくれる人を望んでいたんです。そこでベースはCoccoさんなど独特の世界観の作品

*4
『プロジェクトX〜挑戦者たち〜』
2000年3月より2005年12月までNHKで放送されていたドキュメンタリー番組。戦後の日本に生まれたさまざまな製品や建築物、プロジェクトの成功秘話を巡るドラマティックなストーリーが話題を呼んだ。

をプロデュースしていたネギ坊（根岸孝旨）がよいのではということになりました。

スガシカオのすごさ

スガ君をはじめ、このバンド・メンバーが集まったのもマジックだと思いますが、そのメンバー集めからレコーディングまで、非常に短期間で作り上げることができたというのも、マジックのひとつだったと思います。番組は2006年の1月10日から始まったわけですが、スガ君を口説きに行ったのが2005年の11月くらいで、レコーディングしたのが年末ですからね。何より、番組が始まることは決まっていたので、「できませんでした」は通用しないわけです。そんな状況の中で、この曲を作ったスガ君はすごいと思います。

アーティストにはそれぞれ幾つかの節目、いわば代表作が生まれる瞬間みたいなものがあると思いますが、スガくんにとっての「Progress」はその中の一つと言っていいのではないでしょうか。でも、それは決して漠然と生まれたものではないと思います。一体どれだけ身を削り、集中して、この曲を作ったかと思うと本当に頭が下がります。時間がない中で番組のことを考え、僕のアイディアも汲んだ上でのことですからね。

僕が伝えた曲のイメージは、スガ君がファンクやブラック・ミュージックを好きだということをわかった上で、単にそういう方向性のものではないものを作りたいということでした。また、打ち込みですごく丁寧に音を構築していくようなものでもないし、オーバー・ダビング（*5）を重ねていくようなものでもないということ、つまり〝バンド・サウンド〟にしたいということを話しました。ですから、曲作りにおける僕の役割は2つ、一つは番組の趣旨を理解してもらうこと、そしてもう一つは〝バンドの曲〟ということを理解してもらうことだったわけです。

気合いを感じるデモ

そうして、スガ君からデモが上がってきたのですが、それを最初に聴いたときは「やられた！」と思いました。もうさすがだなと。「これでどうだ！」という気迫みたいなものを感じましたし、実際、僕としても直すべきところがみつかりませんでした。きっとスガ君もそれくらいの気合いで作ってきたんだと思います。

出来上がったものに関してアレコレ言うのはすごく簡単なことですけど、この「Progress」の歌詞を生み出すのは、なかなかできることではないと思います。恐らくですけど、スガ君は人に聴かせるまでに、自分一人で幾つも作っては直すということをやっているんだと思います。プロデューサーの自分とアーティストの自分がいて、「この言葉じゃないな」「じゃあ、これならどうだろう」みたいな作業を

*5
オーバー・ダビング
既に録音したものの上に、さらに重ねて録音すること。35頁「*7」のダビングと同じ意味。

一人でやっているんでしょう。だからこその完成度の高さなんだと思います。

小倉博和の発明

スガ君から曲をもらって、次に行ったのはプリプロです。このときは小倉君と二人でスタジオに入り、すべてのアレンジを考えていきました。

その中でもオグちゃん(小倉博和)の発明とも言えるのがイントロのフレーズです。「Progress」のキーはCなんですけど、普通のチューニングでこのイントロを弾いてもこの響きにはならないんです。なぜなら、彼は全弦を半音下げたチューニングでD♭(*6)を押さえるという特殊な弾き方をしているからです。こういうアイディアを出せるところが彼のすごいところだと思います。これもまたマジックですね。

僕はこれまでレコーディング・セッションで、いろいろなギタリストの方とお仕事してきましたが、オグちゃんとはそれほど多くの機会があったわけではありません。それでも彼をメンバーにしたいと思ったのは、とても個性的というか、ものすごくオリジナリティを持ったギタリストだからです。こちらが予想するアプローチとは違う切り口を見せてくれるんです。まずはこれが大きな理由ですね。

また、ギターという楽器に対して、そして自分のギターから出る音に対してのこ

*6 D♭
ドレミファソラシを英語で表すとCDEFGABになる。ここではコード名としてのD♭だが、音名としてとらえると〝D♭〟は〝レ♭〟になるので、C(ド)の半音上にあたる。弦は半音下げているので、〝D♭〟を弾くと、音としては〝C〟になる。

だわりが、ものすごく強いというのも魅力でした。この点に関しては僕とは真逆です（笑）。僕はあまり楽器のことに、それほどこだわらないほうなんです。だからオグちゃんの楽器に対する思いやこだわりは、僕の足りない部分を補ってくれるのではないかと思いました。

楽器ということで言えば、彼がイントロのフレーズを弾いているGRETSCHのWhitefalconというギターは、もともとブライアン・セッツァーが使っていたものが、巡りめぐってオグちゃんのところへ渡ったというすごく古くてとても貴重な楽器です。だからこそあの音が出るんです。レスポールでも、ストラトでも、テレキャスターでもあの音は出ません。ほかのギターだったら、ドラムやベースと一緒に演奏したときにあの響きや空間は生まれないと思います。あのギターで弾くからこそ、あの空間が生まれて、ドラム、ベース、ギターだけでも十分にアレンジが成立したんだと思います。実際、Aメロにはピアノを入れていませんからね。

テイクワン

アレンジがまとまって、その後、本番のレコーディングを迎えたわけですが、世の中に出ているのはなんとテイクワンなんです。つまり、一発目に演奏したものがリリースされることになりました。その後も何回か演奏したと思いますけど、テイクワンが一番良かったですね。粗さはあったかもしれないけど、とにかく力がありました。

しかも、僕は豪太と一緒に音を出すのはその日が初めてだったんです。もちろん、彼の音は聴いて知っていましたけど、その日、スタジオで「はじめまして」と挨拶したわけです。そして最初に演奏したとき、彼の演奏にグっときました。このドラムは豪太以外にはたたけないと思います。それはほかのメンバーにも言えることですが、不思議なもので、この曲を違うメンバーで演奏しても、このサウンドにはならないんです。kōkuaでないと、kōkuaのサウンドにならない。そういうのって何かいいですよね。

僕の演奏に関して言えば、特に何もやってないです。いなくてもいいんじゃないかというくらい(笑)。ロック・サウンドのテイストですから、ピアノの存在感はそれほど主張しないほうがいいんじゃないかと思いましたし、そもそもこの曲に対する姿勢が、プレイヤーとしてというよりも、プロデューサー寄りでしたから。

とはいうものの、ストリングスのアレンジにはかなりのこだわりを持って取り組みました。イギリスのロック・バンドに脈々と受け継がれているビートルズ的なアプローチがありつつ、スガくんが好きだったり、豪太も取り入れていたような当時のイギリスの弦のアプローチ、例えばジャミロクワイのような感じですね。ああいうフレーバーを取り入れたいなと思ってアレンジしたんです。だからサウンド的にもドライ（*7）な方向性ですね。リバーブで広げるのではなく、すごく近くに感じるサウンドにしたいなと思いました。

またテレビで流れる曲という意味では、キャッチーさというか、イントロなどの印象に残りやすさなども念頭において、〝ここはグリスを入れよう〟とか細かい部分まで考えてフレーズを作っています。そこはやはりすごく大事です。そういう意味では「桜色舞うころ」や「ハナミズキ」のような、バラードのストリングス・アレンジとはちょっと方向性が異なるアレンジと言えるかもしれません。

ロックかつクール

レコーディングは西麻布にあったオンエア麻布スタジオで行いました。今はもうないんですけどね。そして、レコーディング・エンジニアは今井邦彦君にお願いしました。彼はMr.Childrenの作品をずっと手掛けていて、バンド・サウンドを録るのがすごくうまいんです。kōkuaの6番目のメンバーと言っていいくらい、そのサウンド作りに欠かせない人物だと思います。そんな今井君に録ってもらったサウンドは、バンドっぽさやロックっぽさを感じさせつつも、汗くささはないですよね。これこそ僕がやりたかった世界かもしれません。中学、高校時代からイメージしていたような、ロックで、なおかつアカデミックさを感じさせるクールさ

*7
ドライ
響きが少ない状態のこと。

*8
マイキング
マイクの立て方のこと。エンジニアは録音する楽器に対して、その曲に最も適した音が録れるようにマイクを設置するノウハウを持っている。

*9
定位
ステレオ（L/R）の空間の中で、どこに楽器を配置するかを決めること。ステレオの中央であれば「センターに定位させる」、右であれば「右に定位させる」といった言葉の使い方をする。

を持ったバンド・サウンドに仕上がっていると思います。

今井君は、とても優れたエンジニアなので、そういうこちらの意図を口で説明しなくても汲み取ってくれて、それに必要なマイキング（＊8）や定位（＊9）、リバーブの処理などを的確に行ってくれました。例えば、先ほどのストリングスに関しても、ドライな方向性ということを理解して、オンマイク（＊10）とオフマイク（＊11）のバランスであったり、アンビエンス（＊12）をどれだけ録るかといったことも考えてくれたと思います。恐らく、彼は完成形をしっかりイメージすることができるんだと思います。だから、そのためにはどういう風に録って、どう定位させて、歌はどうEQするかなどが最初から見えているんでしょうね。

だからといって、全部お任せというわけでもなく、僕は僕でリズム録り、弦、歌入れ、ミックスなど、すべての工程に立ち会い、今井君ともディスカッションしながら細かい部分を詰めていきました。そこで最も大切にしたのは〝質感〟です。バンドものでは、〝ここでちょっとギターが大きいかな〟とかそういう細かいバランスよりも、どういうサウンド感にするかのほうが大切なんです。

ロングランの予感

こうして曲が完成し、番組サイドからも大喜びしてもらうことができました。こ

＊10
オンマイク
楽器に近いところに立てたマイクのこと。楽器の音を直接録音するのが目的のマイク。

＊11
オフマイク
楽器から離れた場所に立てるマイクのこと。部屋の中で反射して（響いて）いる楽器音も録音するために使われる。オフマイクによって距離感や空間などを表現できる。

＊12
アンビエンス
部屋で反射して（響いて）いる楽器音など、空間を表現するための音のこと。

れだけの短期間でいろんなマジックが生まれ、なおかつ自分がやりたいと思った世界が形になり、結果的にも評価され、スガ君にとっても代表的なナンバーになったという経緯を振り返ると、いろんなことがうまく行きすぎじゃないかとも思います。しかも、10年以上たって『プロフェッショナル 仕事の流儀』はまだ続いていて、「Progress」も使われ続け、kōkuaに至っては結成から10年を経て初めてのアルバム『Progress』(*13)をリリースし、ツアーまで行うことができました。

　これほど長く聴かれ続けることになると思っていたかと言えば、実はそうなるかもしれないというのは頭の片隅にあったんです。そもそも人気番組であった『プロジェクトX～挑戦者たち～』の次にやる番組ですから、1年やそこらで終わるような番組ではないだろうと思っていましたし、その中の一番いいところで流れるであろうということもわかっていました。だからこそ、それにふさわしい曲を作らなくちゃいけないとも思っていました。

　そして番組が始まると実際に本当に良いシーンで曲を使ってもらえて、いつの間にか、この曲がバックで流れたら、物語が展開するということにもなっていったわけです。もしかしたら、途中で主題歌を変えようという話はあったのかもしれませんが、いまだに使われ続けているというのは、この曲の力を証明していると言っていいのではないでしょうか。

　また、これほど長く聴いてもらえることになったのは、ある意味で〝スタンダード〟

***13**
アルバム
『Progress』
2016年6月1日にリリースされたkōkua初のフルアルバム。代表曲である「Progress」をはじめ、『プロフェッショナル 仕事の流儀』挿入歌「夢のゴール」、メンバーそれぞれの作曲による楽曲や岡林信康の「私たちの望むものは」のカバーなど、全12曲を収録。

な曲だからかもしれません。いろいろな工夫をしているとはいえ、奇をてらっているわけではないですし、10年前の時代感を思いきり取り入れたわけでもありませんから。むしろ、「Progress」では普遍的なバンド・サウンドを作ることができたんだと思います。

§

〝架空のバンド〟というアイディアを思いついたのは、僕が中学、高校時代にイギリスのロックやプログレなどに傾倒していた影響がすごく大きいと思います。その頃にやりたかったことを、キャリアや実績を積み上げた上で反映できたことはうれしかったですね。しかも、それを番組のテーマ曲であったり、バンドをメンバー集めからプロデュースするという、とても大きな枠組みの中で形にでき、結果を残せたことは、本当にとても大きな喜びでした。まさに〝プロデューサー冥利に尽きる〟と言える曲だと思います。

GUEST INTERVIEW 03

小倉博和

Hirokazu Ogura

Guitarist / Arranger / Sound Producer

“自分のことは後回しに
常にハッピーエンドという
ゴールを目指している印象があります”

数多くのアーティスト作品やステージで活躍されているギタリストであり、プロデューサー／作編曲家としても知られている小倉博和さん。武部さんとの交流は90年代から始まり、kōkua以前にもSmiles & Tearsで、ライブを共にされていた経歴もあります。本稿では当時の武部さんとのエピソードから、「Progress」の制作風景まで、たっぷりと語っていただきました。

PROFILE

ギタリスト／アレンジャー／サウンド・プロデューサー。1982年よりプロ・ミュージシャンとして活動を開始。桑田佳祐、初監督作品『稲村ジェーン』にギタリストとして参加したことをきっかけに、1994年の桑田佳祐ソロ・アルバム『孤独の太陽』で全編にわたりサポート。この作品は日本レコード大賞最優秀アルバム賞を受賞するなど高く評価される。レコーディングからライブまで多くのアーティスト作品に参加しつつ、山弦、Bank Band、kōkuaのメンバーとしても活躍。iBooks用電子書籍『アコースティック・ギター・マガジン厳選シリーズ 小倉博和 Guitar Collection &「Green Sleeves」』もリリースするなどソロ・プロジェクトにも積極的で、近年、2枚のソロ・アルバム『GOLDEN TIME』と『Summer Guitars』を発表した。

いろんなところに根を下ろしていて、それぞれが深い

──武部さんの還暦を祝して開催されたコンサート「武部聡志 Original Award Show 〜Happy 60〜」（2017年2月27日）のパンフレットに、「初めて武部さんの事を知ったのは、32年前の夏のことでした」というコメントを寄せられていましたが、お友達のバンドのアレンジを武部さんが手掛けられていたそうですね。

●はい。当時、私は、数名のチームでCM音楽の制作や、アマチュア・バンドのデモ・テープ作りの手伝いをしたりしていました。渋谷に小さな部屋を借りて、そこにレコーディング機器を持ち込み、簡単なスタジオにして作業をしていたんです。その頃、アイリーン・フォーリーンというバンドと仲良くしていたのですが、彼らがメジャー・デビューしたときのアレンジャーが、武部さんでした。

──小倉さんが武部さんと初めてお仕事されたのは？

●90年代に武部さんがプロデュース／アレンジを手掛けた女性アーティストのレコーディングで、ガット・ギターを弾いたのが最初だと思います。場所はオンエア麻布スタジオ。そのとき、私のプレイを喜んでくれて〝ギタリスト発見、いいね！〟みたいなことを言ってもらった記憶があります。

──そこからのお付き合いなんですね。

●そうですね。それから少し経って、2002年に私が、槇原（敬之）さんのツアーでバンマスをやっていたとき、そのステージを武部さんが観に来てくれました。そういうこともあったからなのかどうかはわかりませんが、同じ年に声をかけていただいて、武部さん、加藤いづみさん、私の3人によるユニット、Smiles & Tearsという名で活動を始めました。〝Smiles & Tears〟、つ

まり〝泣き笑い〟はライブ企画のテーマでもあって、シリーズで何回か開催しました。いろんな方にゲスト出演していただいたり、3人で作った曲を披露したりもしました。手作りのアマチュア的なスタンスでありながらも、それをちゃんと大人がやるという感じでした。もちろん武部さんのスタッフ、チームあってこそですが。

――Smiles & Tearsで作った曲はCDで発表されてはいないのでしょうか？

●ないです。ただ私がサウンド・プロデュースさせていただいた松田弘さんのアルバム『「FUTARi・」O・S・T・』（2002年／松田弘&Quiet Love Notes）の中に、3人で作った曲が入っています。いづみちゃんと松田さんがデュエットしている「Love Letter」という曲なんですけど、3人で歌詞と曲を書いて、アレンジ、演奏もしました。Smiles & Tears名義で世に出ている唯一のものかも知れません。

――武部さんと一緒に演奏されてみて、どんな印象を持たれましたか？

●そうですね……。静かなボサノバみたいなものから、kōkuaみたいなロックまで、いろいろな形で一緒に演奏しているので、一概にはいえないのですが……。あえて言えば、強く感じるのはロック・フィーリングでしょうか。武部さんはギターを弾くからかもしれないのですが。ピアノでガリッと半音のトリルというか、リフを弾いたときに、それがチョーキングしているような感覚で伝わってくることがあります。シンセのピッチ・ベンドとは全然違っていて、ギターでチョーキングしているようなニュアンスです。

――鍵盤でその感覚というのは面白いですね。

●はい。またそれがいいトコに入るので、コッチは盛り上がっちゃうわけ（笑）。〝ロックっぽい〟と感じるのは、フレーズのニュアンスもそうですが、そんな風に、セッションにアグレッシブな化学変化が起きるところ。頭で考えるのではなく体が動いてしまう感じ。ガッチリとアレンジされている曲も、パーマネントなバンドでやってるようなグルーブと、ミュージシャン同士の音の会話が生まれるところです。

あと印象的なのは、キーボード・パートを受け持つプレイヤーとしての演奏を超えてその場の全体の流れを整えていくところ。武部さんはプロデューサー、アレンジャーのみならず、作家、ディレクター、プロダクションの社長も務められています。いろんな経験の中でいろんなところに根を伸ばし、それぞれ深い。その要素が自然に武部さんのプレイにつながっていると思います。コードの流れ、アレンジ上重要なフレーズは武部さんがしっかり押さえてくれるので、ミュージシャンが各パートに集中でき、歌い手は気持ちよく安心して歌える、結果、全体のクオリティが上がるのです。

〝スタジオに来た意味〟を見いだせるセッション

――武部さんは、ギターに関してどのようなディレクションをされるのでしょうか?

●レコーディングの場合、前もって武部さんの作ったデモを聴かせてもらうことが多いのですが、その中にギターのフレーズのイメージもきちんと入っていて、その上で〝ピアノのペダルを踏んだときのように、アルペジオの音を重ねていきたいんだ〟といった細かい指示が出ることもあります。逆にchayさんがカバーした「結婚しようよ」のときのように「まずはデモをもとに、感じたまま、自由に弾いてみて」と言う場合もあります。

――そうした指示を受けて、まずは最初のテイクを録るという感じですか？

●そうですね。テイクワンで大体の形が見えて、テイクツーで「こことここを直して」みたいなやり取りがあって、次のテイクスリーくらいで「じゃあ、完成形、録ろうか」みたいなことを言って、プレッシャーをうまくかけてくるんです（笑）。それで大体終わります。もし録ったとしても、あとツーテイクくらい。武部さんのレコーディングはとても速いんですが、その中で化学変化が起きるように、全体をまとめ、的確に方向を決めていきます。そして、演奏するたびに実際変化が起こる。プレイヤーも意図を読み取って反応していく。時には言葉ではなく演奏で仕掛けてくることもあります。

――言葉ではなく演奏で化学変化を起こすわけですか？

●レコーディングでも、音での会話はありますね。全体のグルーブがそれによって変化してゆくこともあります。武部さんは、しっかりプリプロされたデモをもとに、プレイヤーの演奏、スタジオのエネルギーをグワっと一個の形にしていく。もちろん、音色なども含めてなので、エンジニアにもリクエストを出しますし、テンポのことなどプログラマーにも指示を出します。それらがとてもスピーディーで、各部署を受け持つ人たちのポテンシャルを早い段階で引き出すような持って行き方をするので、短時間のセッションの中、〝全体でひとつのバンド〟のようなケミストリーをいつでも起こせるんだと思います。こんな風に話していると〝分析目線〟みたいで申し訳ないんですけど（笑）。実際の現場は実にスムーズで和やか。後で思うとスゴいなという感じです（笑）。

――自然に良い演奏を引き出されているような感覚でしょうか？

●そうですね。スタジオに行ったら、その日のバンドが生まれて、その中で自然に自分の色も出していく。〝今日スタジオに来た意味〟を見いだすようなセッション。それぞれのフレーズが細かく指定されていても、ニュアンス含め、柔軟に変化させていきます。例えばセッションを航海、武部さんを船長とするなら〝船を目的地に向かわせるために、きっちりとした航海図を用意した上で、そのときどきの波をみんなでいかに楽しく越えていくか〟っていう感じですかね（笑）。トラックを完成させることが目標なのですが、セッションが終わったときに、全員が〝楽しくやりきった〟と思えることも目指して、リードしているようにも感じます。そんな中、自然に良い演奏が生まれていくわけです。決めるところはちゃんと決め、みんなで紡いでいくみたいなことも大切に、その都度、〝幸せに一番近い方向〟を選んで瞬間に切り替えられるのだと思います。

――度量の大きさみたいなものを感じさせるお話ですね。

●そうですね。相反するベクトルのエネルギーが、武部さんの中にはいつも自然に無理なく存在しているように思います。自分のことは後回しに、その両方をうまくコントロールして、常にハッピーエンドというゴールを目指している印象があります。

Whitefalconに導かれたフレーズ

――「Progress」のときは、武部さんからはどのように誘われたのですか？

●「一緒にバンドをやらない」みたいな感じでした。「おもしろそう」と思いましたね。NHKの『プロジェクトX～挑戦者たち～』の後に新しい番組が始まるんだけど、その主題歌のためのバンドを作りたいという話でした。２００５年の12月に青葉台スタジオでプリプロをしたのですが、話を聞いたのが、その少し前だったと思います。新番組は『プロジェクトX』よりも、もっと多くの人に観てもらえる番組にしたい。主題歌もみんなに受け入れられて、覚えられるようなものにしたいということでした。『プロジェクトX』の主題歌は中島みゆきさんの「地上の星」、歴史に残るような曲として知られていたわけですけど、それを越えたいという気持ちだったのだと思います。

――武部さんとともにアレンジを担当されたわけですが、どういうことを話し合われましたか?

●まず武部さんから言われたことは「この番組はいろんな分野で前向きに戦っている人たち、新しいドアを開けようとしている人たちが主人公。始まりからそういう前向きなイメージが思い浮かぶと同時に、イントロ・フレーズが曲の顔になるようなものにしたいんだけど、ギター1本だけで始まりたいんだ」と言われて……。今考えると、かなり無茶振りとも言えるんですけど(笑)、武部さんと話していたら、やれそうな気分になるんですね(笑)。その話のあと、スガ(シカオ)君の弾き語りのデモ・テープが送られてきて、プリプロまでの2日間くらいであのイントロのリフを考えました。

――武部さんはあのイントロに関して〝小倉さんの発明〟とおっしゃっていました。

●そうですか、うれしいですね。あの曲では、ギターの6本のすべての弦を半音下げて弾いているんです。Cのキーの曲なのですが、わざわざD♭ポジションで弾いています。弾きづらいポジションをあえて選んだ結果、生まれたリフなので、レギュラー・チューニングのギターでは、どうやって弾くのか、聴けば聴くほど分からない不思議なリフになっています(笑)。

――なぜ下げることにしたんですか?

●ギター・アレンジ前日の夜に、1955年製のGRETSCH Whitefalconというギターが届いたんです。その頃は頭の中に「ギターだけで始まりたい」という武部さんの言葉が常にありました。私の思うところ、この曲に使うギターのイメージとして普通のエレキギターだとローのアタックが弱い。と言ってアコギで始まるとすると、曲中には必然的にギターが2人必要になります。この曲はドラム、ベース、ピアノ、ギターの4人だけでリズムが成立するようにしたい。そのためには、ローがしっかり出る上に、アタック感のある楽器が必要でした。Whitefalconはフルアコースティック・エレキギター。太めの弦を張ると、歪ませてもタイトでファット、しかもワイルドに鳴ってくれることに気づいたんです。しかも、全弦を半音下げたチューニングにするとサステインも十分。それで、〝あ、これだな〟と思いました。和音の積みも個性的になると共に、独特な内声の動きも可能になりますし。弾きにくいのはしょうがない。我慢することにしました(笑)。あと、あの個体は世界的にもとてもレアなものなので、責任重大なこの場面にも十分な楽器だとも思いました。

——その後、プリプロに臨んだわけですね。

●そうです。まず武部さんと2人でいろいろやりとりをして、曲のサイズとコードの流れを決めました。スガ君が合流したところで、イントロのリフを聴かせたところ、すぐに気に入ってくれました。サイズに関してのやりとりがあって、リズム・アレンジは完成したんですけど、その後がすごかったんですよ。武部さんが「じゃあ、弦のシミュレーションをやるわ」と言って、いきなりシンセを弾きはじめたんです。コード進行はその場で決めたばかりで、代理コードが入っていたり、テンションも加わっていたり、1番と2番でコードが違っていたりもするという実はかなり複雑なアレンジなんですけど、あっという間にシミュレーションが終わってしまって。横で見ていて〝うわぁ、スゴッ〟と思いました(笑)。

——小倉さんが〝うわぁ〟と思ってしまうほどなんですね!

●感動しました。先ほど、武部さんのプレイの印象を聞かれましたけど、単純に答えられないのは、その様子を見ちゃったこともあります。後日オンエア麻布スタジオでレコーディングしました。最初みんなでプリプロのテイクを聴いて、「さあ、やろうか」と演奏したテイクワンがOK。そのまま世の中に出たわけです。そういうミラクルが起こったセッションでした。しかも、その後kōkuaは「Progress」から10年の年月を経て、初めてのアルバムをリリースします。普通ありえない（笑）。シングル・デビューからアルバム・リリースまで、10年かかったバンドとして、ギネスに登録できるかも……（笑）。そもそも〝スガシカオ〟がバンドをやるなんて、誰も想像していなかったことでしょうし。

──確かにそうですね。

●武部さんが呼び込んだ。トータル・プロデュースですね。

奇跡的な人

──小倉さんもプロデューサー、アレンジャーとしてお仕事されていますが、武部さんから学ばれた部分などはありますか？

●いやあ、難しいですね。心構えとかはありますが……、学んだところであんな風にはできませんからね（笑）。よく〝背中を見て〟とか言いますけど、わかったところで、できることとできないことがありますから（笑）。武部さんは若いころにハーフトーンミュージックという会社を作られています。仲間を集めて、テレビの音楽番組などでミュージシャンが活動できる場を作っていった。それも誰かの話に乗っかってやったわけではなく、極めて自然な衝動で実現させていったのは、誰にでもできることではないと思うわけです。その正直なエネルギーと器の大きさが武部さんなのではないでしょうか。武部さんのどこかだけを切り取って、マネしてもダメでしょう。本当に奇跡的な人なのではないかと思います。

——では、そんな武部さんにメッセージをいただけますか？

●類まれな才能と温かい人柄で、たくさんの孤独をつなぎ、関わったプロジェクトをハッピーエンドへと導く。武部さんの代わりはどこにもいないわけで……。ご多忙な日々、ご自愛なされ、ますますのご活躍期待しています。また、ご一緒出来る時を楽しみにしています。Keep on Rock'n Roll！

INTERLUDE

スタジオでのストリングス・アレンジ

ストリングスの楽譜の書き方は、アレンジャーによってそれぞれです。中には音符の長さの指示まで書き込む方もいるようですが、僕はそこまで楽譜で細かく指定したりはしません。むしろ、スタジオで変えていくタイプです。

スタジオに入ったら、まずは曲を1回聴いてもらい、その後に一度演奏して仮に録音します。そして、ストリングスのメンバーの方々にコントロール・ルームへ集まってもらい、演奏を再生しながら「ここの音符はこういう風にしたい」「ここはもっとフォルテに」「ここでもっとクレッシェンドしたい」「ここの音は短くしてほしい」といった指示を出していくんです。

それから2回目の演奏を録ってみて、「ここのビオラの音は変えましょう」「ここの2番はテヌート、3番はスタッカートで」と、どんどん変えていきます。例えば、駆け上がりの音符にしても1拍に対して音符が10個入っているのと、7個入っているのとではニュアンスが変わりますし、どちらがよいかは実際に演奏してもらわないとわからないことも多いですからね。また、デモとリズム録りが終わった段階とでは、ドラムやベースの演奏も変わっていたりします。それに応じてストリングスのフレーズも修正する必要があるわけです。ですから、譜面をキッチリ書いて、パッと演奏してもらって、それでおしまいということにはなりません。スタジオでどんどん変えていくのが、僕のストリングス・レコーディングの特徴と言えるでしょう。

SONG 16

「いつか離れる日が来ても」

ARTIST

平井 堅

WORDS
平井 堅

MUSIC
平井 堅

ARRANGEMENT
武部聡志

RELEASE
2008年4月23日

FORMAT
シングル

LABEL
DefSTAR RECORDS

長尺の曲を飽きさせずに聴かせるために
間奏に盛り込まれたさりげない工夫

平井堅君とはデビュー時からアレンジャーとしてお付き合いさせていただいていました。彼がブレイクするまでには長い時間がかかったので、その後、この曲でまた一緒にお仕事できたのはとてもうれしいことでした。

映画『あの空をおぼえてる』の主題歌

平井君とはデビュー・アルバム(*1)やセカンド・アルバム(*2)などで数曲アレンジを手掛けさせてもらいました。もともとデビュー当時の平井君には、少しAOR的なアプローチの曲が多かったと思います。それが徐々によりブラック・ミュージック的な色が濃くなり、大ヒットした「瞳をとじて」以降はラブ・バラードの印象が強くなりましたよね。この「いつか離れる日が来ても」もその方向性で、平井君が最も得意とするところというか、〝ケンちゃん節〟を感じさせる歌だと思います。

また、この曲は映画『あの空をおぼえてる』の主題歌として作られたのですが、映画の制作サイドからは特にリクエストはありませんでした。タイアップ曲の場合、いろんなオーダーがくる場合もあれば、音楽制作サイドにすべてゆだねてくれる場合もあるといった具合にいろいろなんです。この曲は後者のパターンでした。

転調で聴かせる間奏

ケンちゃんの作るデモ・テープは必ず歌とピアノなんです。そして、そのピアノのコードにはこだわりを感じます。〝ここはこういうコード進行にしたいんだ〟という主張みたいなものが、彼のデモからはひしひしと伝わってくるんです。ですから、

*1
デビュー・アルバム
『un-balanced』(1995年7月7日)。武部は「二人の迷路」「笑顔」のアレンジを担当。

*2
セカンド・アルバム
『Stare At』(1996年12月1日)。武部は「なぜだろう」「会いたいよ」のアレンジを担当。

僕としても彼の作ったコード進行を、ムダにいじったりはしないようにしています。ただ、いかんせん歌とピアノだけのデモですから、1曲の流れというか、どういうところから始まって、どう展開して、どう終わるのかという構成については、アレンジャーとしての僕の仕事ということになります。

デモを受け取って、ケンちゃんとどんな話をしたかは覚えていないのですが、デビュー当時から知っているアーティストなので、多分、「武部さんのよきように料理してください」という感じだったのではないでしょうか。ただ、この曲はすごく長いんですね(*3)。だから、飽きさせずに聴かせる展開などについては話したと思います。

その飽きさせないポイントは、僕はこの曲においては2番の後の間奏にあると思っています。2番までで既にかなりのボリューム感があるので、この間奏以降を飽きさせないために転調したんです。多分、全部同じキーにすると、3番まで到達できないような感じになるのではないでしょうか。キーとしては元がD♭で、間奏はEです。そして、間奏が終わるところで自然に元のキーへと戻っています。こうしたコード進行は理論的に考えているわけではなく、〝こういう響きにしたいな〟という感覚で作っているにすぎないのですが。

しかも、この間奏ではギター・ソロなどは入れずに、イントロのピアノと同じフレーズをストリングスが演奏するという形にしました。だからこそ転調した部分も

*3
すごく長いんですね
曲の長さは6分30秒。

自然に聴けるのだと思います。しかし、転調していて楽器も変わっているために、色合いは変化しているので飽きずに聴くことができるわけです。

メロディの数を意識することも大切

さらにもうひとつのポイントは、イントロや間奏のフレーズが、Bメロの歌のメロディをモチーフにしているところです。この構造自体は平井君のデモ・テープの時点でそうなっていました。このイントロや間奏のフレーズをどうするかというのも、アレンジにおいて判断が難しい部分のひとつです。

というのも、1曲の中にメロディの数がありすぎるのは、あまりよくないことが多いからです。例えば、Aメロ、Bメロ、サビ、大サビとメロディがあるとします。この場合、それらのメロディ以外のフレーズをイントロや間奏で作ってしまうと、フォーカスがぼやけて曲のつかみどころがなくなってしまいがちです。そうしたケースでは、歌のメロディをモチーフにしたイントロや間奏にした方が曲のフォルムがハッキリします。

特に、「いつか離れる日が来ても」のように長い曲の場合は、必然的にメロディの数が多くなりますから、イントロや間奏で全く別のフレーズを考える必要はないと言えます。逆に歌のメロディの種類が少なく、メロディ自体もシンプルに作られている場合は、イントロや間奏でその曲を象徴するような印象的なフレーズを作ったほうがよいでしょう。

こうした判断は、作曲家のタイプも考慮する必要があります。イントロまで含めて曲の一部というアプローチで作る方もいれば、そういうことは全く考えずに、ただコードをジャーンと弾いてAメロから歌ったようなデモを作る方もいらっしゃいます。アレンジャーはそれも踏まえた上で、作曲家が作ってきたイントロをそのまま生かすのか、それとも変えたほうがいいのかというジャッジを行わなければいけません。いずれにしても、アレンジャーに求められるのは、曲全体のフォルムを整えることです。その視点に立って、最も良いチョイスをしていくことが必要だと思います。

転調はアレンジャーの腕の見せどころのひとつだと思います。だからといって、やたらと転調すればいいわけでもありません。もしかしたら、Aメロのコード進行をそのまま間奏に持ってきた方が良い場合もあるわけです。ただ言えるとすれば、長い曲の場合は1番から2番へいく際に、長い間奏は入れられないということでしょうか。むしろそこはなるべく短くしますし、2番が終わって最後のサビにいくところでは、何かしらの展開を作るとよいと思います。この曲では間奏が終わってからは落ちサビになっています。これも飽きさせずに聴かせるための展開方法の一つと言えるでしょう。

ブレイクビーツが作る世界観

この曲では、生ドラムのほかにブレイクビーツによるリズムも入っています。単純にこの時期はそういうサウンドが好きだったという理由もありますが、このブレイクビーツはパーカッション的な役割を果たしています。

もともと、80年代にリズムを録るときはパーカッションの人もいるということがすごく多かったんです。当時のバンドでもパーカッションがメンバーにいることは少なくなかったですよね。使う楽器自体は曲やドラムとのマッチングによって、コンガであったり、タンバリンであったり、シェーカーであったりといろいろでしたが、何かしらのパーカッションを入れるというアレンジが多かったと思います。

しかし、打ち込みが普及するようになってからは、パーカッションも打ち込みで作ることが増えました。リズム録りでレコーディングするというよりは、後から加えるというパターンですね。そして、ブレイクビーツという手法がポップスにも浸透して以降、僕はパーカッション的な役割をブレイクビーツで作ることが好きになりました。ドラムのゴースト的な存在（＊4）として使っているのかもしれません。

ブレイクビーツが好きになったのは、ドラムなどの生楽器だけでは表現できない世界観を作れるからです。例えば、ピアノの後ろに〝ココココ〟といった感じの転がるような感じの音を入れるだけでも、それはそのまま曲の印象にもつながった

＊4
ドラムのゴースト的な存在
楽器演奏では〝ゴースト〟という言葉はメインの演奏の間に入る小さな音のことを指す。例えば、スネアが2拍目と4拍目に入っているとして、実はその間にも小さな音をたたいている場合があり、これを〝ゴースト・ノート〟と呼ぶ。ベースなどでもフレーズとして聴こえる音のほかに、音程にならないような短い音を弾いていたりすることは少なくない。これらはリズム・パターンとしては認識されなくても、グルーブを生み出す大きな要因となっている。ここでのブレイクビーツも、ドラムとの組み合わせでノリを生み出す存在という意味で〝ゴースト〟という言葉が使われている。

りします。

デイヴィッド・フォスターがエレピと生のピアノをユニゾンで弾いたことは発明と言っていいと思いますが、それだけではなく、デイヴィッド・フォスター・サウンドにはシンセサイザーによるオブリの音が随所に散りばめられています。これも大きな特徴です。アメリカのいわゆるブラック・コンテンポラリー・ミュージックには、そういう要素が多用されていて、僕はそういう音楽にとても影響を受けてきました。そのため、この曲のようなバラードでは、単純に生楽器だけのアレンジではないアプローチを取りたくなるのだと思います。

§

おそらく、皆さんはケンちゃんのことを〝ものすごく歌がうまい人〟と思っているのではないでしょうか。実際、彼の歌に対するこだわりは大変強く、歌入れは長時間にわたります。普通だったら1曲2時間か3時間くらいで終わらせるのですが、10時間くらいかけることもあります。それだけ歌えるということもすごいですし、歌のテイクやピッチに対して本人が納得するまで歌入れが続きます。

でも僕が彼の歌を録るときは、そういうカッチリしたものではなく、もっとエモーショナルな部分を大切にしたいと思っています。だから、歌のテイクを選ぶときも、あえてちょっと声がかすれてしまっているものであったり、ブレスのニュアンスが良いものをチョイスしているように思います。そうした部分もまた、平井君の声や歌の大きな魅力のひとつだと思うのです。

SONG 17

「みらい」

ARTIST
ゆず

WORDS
ゆず

MUSIC
ゆず

ARRANGEMENT
武部聡志

RELEASE
2009年4月22日

FORMAT
シングル
『逢いたい』収録

LABEL
セーニャ・アンド・カンパニー

ビートルズ的アプローチが垣間見える
横浜開港150周年記念ソング

この曲は前章で取り上げた「いつか離れる日が来ても」と同じく6分以上ある長尺の曲で、展開も複雑です。ゆずの2人とは面識は以前からあったのですが、この曲で初めてアレンジさせていただくことになりました。

アコギに導かれたメロディ

ゆずの2人、北川悠仁君と岩沢厚治君とは、デビューしてまもなくのころから、僕がバンマスを務めていた音楽番組に出演していたこともあって、お付き合いがありました。また、松任谷正隆さんが彼らの楽曲「栄光の架橋」(＊1)のアレンジを手掛けられていたので、2人でユーミンのコンサートを観に来たりもしていたんです。そんなことからも交流が深まり、僕にも一度アレンジをしてもらいたいというお話をいただくことになりました。

ゆずと言えば、やはりアコースティック・ギターのデュオというイメージがありますが、実際の曲を聴いてみると決してアコギだけではなく、いろいろなサウンドの作品があります。ただ、彼らの作るデモはやはりアコギと歌ですし、2人の持ち味もアコギの音に導かれたメロディだと思います。ですから、アレンジにあたっては、やはりアコギは生かそうと思っていました。

そこで、アレンジに取りかかる前に、まず2人とデモ・テープを聴きながら打ち合わせしました。既に歌詞もできていたので、まずワンコーラス目はゆずらしさを出そうということで、最初はアコギと歌から始めることにして、その後は徐々に盛り上げていく展開を作っていくことにしました。また2人のハーモニーをどう振り分けていくかということについても話し合いました。

＊1
「栄光の架橋」
2004年7月22日リリース。NHK「アテネオリンピック」放送のテーマ・ソング。

この曲は、いわゆるわかりやすいＡＢＣ的な構成ではなく、かなり複雑な展開になっています。その中で、冒頭のＡメロ以外にも２人の歌とギターだけになる部分を作りました。それが間奏後の落ちサビで、ほんの一瞬なのですが、こういう部分が引き立つのがやはりゆずだと思います。そして、その後のサビではまたほかの楽器がすべて入ってきて、しかも転調して盛り上がりを作っています。

また、そもそもこの曲は、横浜開港１５０周年記念（＊2）のテーマ・ソングとして作られたものだということで、曲のエンディング部分に合唱を入れて、レコーディングには横浜市民の方にも参加していただこうということになりました。スタジオも横浜にあるランドマークスタジオで録っています。

この合唱のセクションは、それまでのコード進行とは雰囲気が全く変わっています。ビートルズの「ヘイ・ジュード」的な展開ですね。ただ、いきなりこの展開に入っているのではなく、よく聴いてもらえると、実は2番のサビの直前に入っているストリングスのフレーズは、この後奏を予感させるものなっていることがわかると思います。

＊2
横浜開港１５０周年記念
開港は１８５９年７月１日。

ミュージシャンの選択基準

この曲も長いので、少しずつ楽器が増えたり、出入りすることで緩急のストーリーを作っています。ワンコーラス目はドラムが入っていませんが、シンバルは多少使っていて、イントロからAメロに入る部分はウインドチャイム(＊3)がドラムのフィル代わりになっています。このパターンは僕のアレンジで多いかもしれません。シンバルだけのフィルも多用していますね。リズムを刻むわけではないですけど、静かな曲でシーンを変えたいときにウインドチャイムやシンバルはちょっとした色付けができるので、すごくいいですよね。

2番からはドラムが入ってきますが、これは小田原豊君がたたいています。彼はゆずのツアーにも参加していたので、安心してレコーディングに入れました。

ミュージシャンを選ぶときには、当然、僕がアレンジ上必要だと思う方に来てもらうわけですが、選択基準はそれだけではありません。アーティストが安心できるミュージシャンというのも大切なポイントです。やはり、アーティストとの関係性というのは常に頭の中にありますね。あとは単純に〝このミュージシャンが来たら、きっとスタジオが楽しくなるだろうな〟とか(笑)。やっぱり、それも大事なんです。

ちなみに、このときのベースは美久月千晴君で、ギターは鳥山雄司君ですね。鳥山君とは僕自身も長い付き合いなのはもちろんですが、「栄光の架橋」でも弾いていて、ゆずの2人とも仲が良かったんです。

ポップスのレコーディングは、クラシックと違ってすべてを玉譜(＊4)で書く世界ではないし、もっと言えば、すべてのフレーズを決めて臨むわけでもないですから、

＊3
ウインドチャイム
パーカッションの一種で、長さの異なる金属の棒がつり下げられていて、それをなでるように演奏すると、棒同士がぶつかってキラキラとした音が奏でられる。

＊4
玉譜
音符が書かれた楽譜のこと。コード名中心のコード譜との比較で用いられることが多い言葉。

譜面やデモから僕の意向を汲んで最適なプレイをしてくれるミュージシャンという存在がとても重要です。そして、そういうミュージシャンをチョイスすることもアレンジャーとして、すごく大事なんです。

もっとも僕の場合、国内で演奏しているミュージシャンとは、ほとんど一緒にやったことがあるので、そういう意味ではもはや誰が来ても安心ですけど(笑)。あとは逆にミュージシャンでアレンジの方向性が決まる場合もありますね。先にレコーディングのスケジュールを決めて、ミュージシャンをオファーして押さえておいてからプリプロに入るということも多いんです。だから、ドラムは誰だから、その人っぽい感じにしてみようかなとか、ギターは誰々を呼ぶから、こういう感じにしようとか、そういうこともありますね。

ちなみに、エンジニアは「Progress」と同じく今井邦彦君にお願いしました。

§

この曲のレコーディングでは、デュオの良さにあらためて気づかされました。歌入れはもちろん僕が担当させてもらったのですが、ゆずの場合はリード・ボーカルとコーラスの役割が固定ではなく、二人ともリード・ボーカルを取るんですよね。だから、曲の途中でリード・ボーカルが変わるわけですが、それとともに曲のメロディの質感も変わるので、それがとてもいいんです。北川君が歌うのと、岩沢君が歌うのでは、やはり違う表情になりますからね。特に岩沢君は声が高いんです。彼の声だからこそ、後半のサビでの転調も可能になったと言えるでしょう。一般的な男性ボーカルでは、こんな高いところまでは出せないことが多いですから。

ゆずの作品に参加したのはこの曲だけなのですが、機会があればまたぜひご一緒してみたいですね。

SONG **18**

「さよならの夏 〜コクリコ坂から〜」

ARTIST

手嶌 葵

WORDS
万里村ゆき子

MUSIC
坂田晃一

ARRANGEMENT
武部聡志

RELEASE
2011年6月1日

FORMAT
シングル

LABEL
ヤマハミュージックコミュニケーションズ

“プロデュース・ワーク”“効果音”など 多くの気づきを得た映画音楽の制作

スタジオジブリの映画『コクリコ坂から』の主題歌です。この映画ではサウンドトラックも手掛けさせていただき、実に多くのことを学ばせていただきました。中でも印象的だったのがプロデューサーの鈴木敏夫さんとの出会いでした。

不思議な巡り合わせ

「さよならの夏」は、もともと1976年に発表された森山良子さんの歌で、当時放映されていたドラマの主題歌として使われていた楽曲のカバーです。そのアレンジを僕が手掛けることになった経緯からお話ししてみましょう。

まず、僕のところに話が来る前に、手嶌葵さんにこの曲を歌ってもらうということは決まっていたそうです。そこで、アレンジは誰がいいだろうとスタジオジブリのスタッフの方が考えていたところ、たまたま手嶌さんが僕のピアノで歌っている映像を観たらしいんです。それは、2010年に開催された『VOICES feat.今井美樹 & Friends』というライブの映像でした。このライブには今井さんのほかに小野リサさん、川江美奈子さん、土岐麻子さん、そして手嶌葵さんが出演されていて、僕は音楽監督兼キーボーディストとして参加していました。

このときの歌とピアノの感じがとても良かったので、僕に依頼しようとジブリのプロデューサーである鈴木敏夫さんが思われたそうなんです。

また、ジブリの音楽制作を担当されているヤマハミュージックコミュニケーションズの佐多美保さんという方がいらっしゃるのですが、この方はもともと斉藤由貴さんのプロジェクトで、長岡（和弘）さんのアシスタントをされていたんですね。しかも、実はこの佐多さんの実家と僕の実家は隣り同士なんです（笑）。だから、お互い小学生の頃から知っているんですよ。家の近くでガシャンと交通事故の音がして、ワーッと走っていくと彼女も来ているという(笑)。

そういう不思議な縁というか、巡り合わせが重なって、僕が主題歌のアレンジを担当することになりました。しかも鈴木さんが、「この人に映画の音楽全部やってもらおうよ」とおっしゃってくださって、サウンドトラックまで手掛けさせてもらうことになったんです。

時代設定に合わせた楽器のセレクト

その後、脚本を書かれた宮崎駿さん、監督の宮崎吾朗さん、そしてプロデューサーの鈴木敏夫さんとお会いして打ち合わせをさせていただきました。皆さんとお会いしたのは、そのときが初めてです。そこで鈴木さんから「武部さんはこの映画にどういう音楽をつけたいですか？」と言われたことを今でも鮮明に覚えています。というのも、初めて音楽を頼む相手に「こういう音楽を作ってくれ」ではなかったことが、とても面白いと思ったからです。

僕は、この仕事を通じてジブリの音楽を作るという経験値を得る以上に、鈴木さんから〝プロデュース・ワーク〟というものについて、とても学ばせていただきました。その最初の学びがこの言葉だったと言えるでしょう。鈴木さんは何かを押しつけるのではなく、相手から〝引き出す〟というアプローチをされる方だということをこのとき知ったわけです。

また、この打ち合わせでは、まだ動いていない鉛筆書きの絵をつなげたものを見せていただきました。それを見た上で「どういうアイディアがあるかを提示してほしい」ということでした。

そこで、僕は幾つかのスケッチ的なデモを作ったのですが、意識したのは映画の時代感を表現することでした。舞台は1960年代の横浜なので、その当時の音楽の匂いみたいなものを出したいなと思ったんです。戦後の復興から高度成長期に向かっていく、そういう時代感ですね。

また、ジブリの音楽と言えば久石譲さんの作品が有名ですが、僕はずっとポップス畑を歩んできましたから、久石さんのようなクラシカルな音楽性とは真逆の方向性を打ち出したいとも考えました。これは60年代を幼少期に経験しているので、その空気感を自分なりに音楽に盛り込もうという思いもあってのことでした。

特に、戦後に進駐軍が日本に来て、そういう音楽を聴きながら日本の歌謡曲が育っていったということはすごく意識しました。今のポップスにはクラリネットやバンジョーが入っているようなものってあまりないですけど、そういう楽器で時代感を出せるといいなと思っていましたね。自分がピアニストだからといってピアノを核にするという考えは全くありませんでした。それよりも映画の時代設定にふさわしい楽器ということをずっと考えていたように思います。

例えば、「さよならの夏～コクリコ坂から～」では、バッキングにアコーディオンを使っていますが、これも時代感を出したいという考えが根底にあったからです。当時のテレビ番組では、横森良造さんがアコーディオンを弾いていらっしゃいましたよね。子供ながらにそういうものは心の中のどこかに印象深く残っていたんだと思います。

また、この曲が映画の中で流れたときに、陽炎のような雰囲気を出せるようにしたいと思っていました。それまでは日差しが強い夏があったり、明るい夏があったり、ちょっとセンチメンタルな夏があったり、いろいろな夏があったとしても、最後に「さよならの夏」となったとき、それまでのものすべてが陽炎のように揺らめいているイメージのアレンジにしたかったんです。

だから輪郭がしっかりしていたり、縦線がハッキリしたサウンドではない楽器を使いたいと思いました。イントロのメロディを鍵盤ハーモニカにしたり、バッキングをアコーディオンにしたのは、そういう発想があったからです。

歌や楽器のリバーブも、自分が当時やっていたほかの音楽に比べて深くなっています。これも揺らいでいる感じを出したかったからだと思います。

そもそも「さよならの夏」が主題歌に決まった経緯について、僕はよく知らないのですが、実は森山さんが歌われていたバージョンよりも歌詞が増えているんです。

新たに作詞家の万里村ゆき子さんに書いていただいたみたいですね。その辺りの経緯についても僕はタッチしていません。ただ、作曲者である坂田晃一さんとは、鈴木さんとともにご挨拶に伺いました。「映画の主題歌として使わせていただきたい」というお話をさせていただいたんです。そのときに、坂田さんからは「ここのコードは絶対に変えないでください」といったことも伺いました。お話をさせていただいて、曲に対する強いこだわりが伝わってきたので、坂田さんの想いも大事にしてアレンジしなければと思いました。

唯一無二の声

楽器選びやアレンジに関しては、手嶌さんの声の倍音のような部分を存分に生かせるアプローチということも考えていました。彼女は本当に魅力的な声の持ち主で、他の人にはない唯一無二の声だと思います。

手嶌さんと初めて会ったのは、先ほどの今井さんのライブのときでしたが、その前から声は知っていました。ジブリ映画『ゲド戦記』で「テルーの唄」を歌っていましたよね。「こんな声を出す人がいるんだ」と思いました。スタジオでレコーディングするときでも、ヘッドフォンから彼女の声が聴こえてくると、ミュージシャンはみんなビックリするんです。「なんて声をしているんだ!」って。

でも、あの声の一番良い状態を録るのはなかなか大変です。実音というか芯の部分と息みたいな倍音のバランスが一番良いときに歌を仕上げたいと思うと、あまり時間をかけられません。何度も歌っていると声の質感が変わってしまうんです。平井堅君とはまるっきり逆ですね。彼は歌えば歌うほど声が出てきますけど、葵ちゃんはテイクを重ねないほうが良いタイプです。

また、「さよならの夏～コクリコ坂から～」では、あまり表情豊かに歌わない方がいいなと思っていました。感情を込めたり、エモーショナルな感じで歌うよりも、淡々とクールに歌ったほうがむしろ歌詞が伝わると思ったんです。感情的な歌い方をすると、それが歌の世界を邪魔してしまうように感じました。声の主張が強くなりすぎるのかもしれません。ユーミンの初期の作品もそうですよね。荒井由実時代の曲は感情的に歌っていなくて、ある意味、無表情とも取れるような歌い方ですが、だからこそ歌の世界がよりよく伝わる部分があります。手嶌さんの歌入れでもそういう部分を目指してディレクションしていきました。

ジブリ通いを繰り返したサントラ制作

実際の制作としては、先に主題歌に取りかかり、その後にサントラの制作に入りました。しかも、同時に手嶌さんのアルバム(＊1)も1枚作らせてもらうことになり、

＊1
手嶌さんのアルバム
スタジオジブリ・プロデュース『コクリコ坂から 歌集』(2011年7月6日)。「さよならの夏 ～コクリコ坂から～」をはじめ、映画挿入歌やオリジナルなどを収録。

サントラの元となったピアノのスケッチだけのアルバム(＊2)も作ったので、サントラのＣＤ(＊3)も含めると、この映画に関係して3枚もアルバムを作ることになったんです。

サントラに着手したのは映画公開の1年くらい前からだったと思います。その時点で既にストーリー自体は出来上がっていました。「ジブリにしてはめずらしく青春映画なんだな」と思いましたね。

それまでのものは基本的にファンタジーという印象だったので、そういうものではなく現実的な物語をやるんだと感じたのです。久石さんのような方向性ではない音楽を目指したのは、そもそも映画自体がそれまでのジブリとは異なるタイプだったからということもありました。

制作に入ると、デモ・テープを幾つも作っては監督に投げて、2週間に一度くらいは三鷹にあるジブリの試写室に行きました。そこで、作った曲を実際にシーンにハメてみるんです。「これはちょっと違うかも」とか、「じゃあ、こっちの曲をハメてみようか」「この曲だと、主人公の女の子のキャラクターが違って見えるよね」といった感想をもらい、制作を進めていきました。

完成までには、こうした作業を何度も何度も繰り返しています。その過程の中で、映像のほうも最初は鉛筆書きだったものが、徐々に色が付いてきて、スタッフの方がセリフを付けたものに変わっていきました。そこへ音楽も少しずつ組み込まれて

＊2
ピアノのスケッチだけのアルバム
『コクリコ坂から　イメージアルバム ～ピアノスケッチ集～』(2011年5月18日)。映画のサントラが武部のピアノで奏でられる作品。

＊3
サントラのＣＤ
『コクリコ坂から　サウンドトラック』(2011年7月13日)。主題歌「さよならの夏～コクリコ坂から～」のほか、挿入歌として使用された坂本九の「上を向いて歩こう」など、劇中で使われたすべての音楽を収録。

いったんです。ですから、このサントラは映画のスタッフの方と一緒に作っていったという感じです。

〝未完のキラメキ〟を大切にするプロデュース・ワーク

この仕事で初めてアニメーション映画作りを間近で見させていただいたのですが、とても大勢の方が絵を描く仕事に携わっていらっしゃるんですよね。背景だけを描く人、キャラクターだけを描く人、色をつける人など、本当に細かい作業なんだなあと思いました。

でも、あれだけの大きいプロジェクトでありながら、実際に物事を決めているのは、ほんの数人の方々なんです。基本的には駿さんと吾朗さんと鈴木さん、その3人が決めていくわけですね。その中でもやはり一番感銘を受けたのは、先ほども触れた鈴木さんのプロデュース・ワークです。ジャッジの仕方、切り取り方、引き出し方などがとても勉強になりました。

鈴木さんは〝未完のキラメキ〟みたいなものをすごく大事にされる方なんです。『コクリコ坂』の映画のポスターも、駿さんが鉛筆で下書きをして、それに色を塗ったところで、「これでいい、もういじらないで！」と鉛筆の下書きが残っている状態でポスターにしちゃったそうですからね。

手嶌さんの歌入れのときもそうでした。基本的には僕がディレクションしながら進めたのですが、鈴木さんはすべてのレコーディングにも立ち会われていて、いろんな意見をくださったんです。

そこで鈴木さんはピッチが少し違っていたとしても最初のテイクを選ばれたり、完成して枠にはまっているものじゃないものをチョイスされていました。その判断の仕方はとても印象的でした。

サントラのレコーディングのときにも同じような感じで、音楽をとらえる視点が僕のように何十年も音楽家として活動してきたような人間とはちょっと違うんです。これもまた新鮮でした。

鈴木さんは、映画を作ることはもちろん、その映画を世の中に広めるためのアイディア、ヒットさせるための仕掛けといったことまでプロデュースなさっています。そのためにはものすごいエネルギーが必要でしょうし、感覚的にも優れたものを持っていなければいけないわけで、そういう方と向き合えたというのは、とても大切な経験になりました。そういう意味では、すごくエポックメイキングなお仕事、一生に一度しかない体験だったと思います。

もちろん、その後も吾朗さんとはテレビ・アニメ『山賊の娘ローニャ』(＊4)で一緒にお仕事させていただいていますが、初めての経験というのは、やはりとても強烈でした。

＊4
『山賊の娘ローニャ』
NHKで2014年〜2015年までに放映されたアニメ。監督は宮崎吾朗、音楽は武部が手掛けている。また手嶌葵が歌うオープニング・テーマ曲「春のさけび」は作詞：宮崎吾朗、作曲：谷山浩子、編曲：武部聡志という布陣。

映像を見ながらレコーディング

最終的にどこのシーンにどの曲を使うかということが決まり、それによって曲のサイズも決まってから、デモを生に差し替えるレコーディングを行いました。スタジオは、今はもう無くなってしまった一口坂スタジオです。

このときは手元にモニターを置いて、映像を見ながら演奏しました。シーンの終わりでリット(*5)がうまく合うかどうかとか、フェード・アウト(*6)のタイミングが合っているかなどをチェックしながらレコーディングしたんです。場合によっては「半拍前で終わってみようか」とやり直したりしながら進めていきました。コントロール・ルーム(*7)には大きなディスプレイも用意されていて、プレイバックのときはそちらを見ながら確認していきました。

サントラの制作に、これだけの時間と手間とお金をかけてもらえたというのは、とても幸せなことだったと思います。今は制作費も潤沢というわけにはいかないプロジェクトも多いので、自宅で作ったものをそのままということもあったりしますよね。ところが、このサントラではぜいたくにもすべて生演奏でレコーディングさせてもらえました。ミュージシャンもジブリ映画の音楽に参加できるということで、みんな喜んでくれました。

＊5 リット
「リタルダンド」の略。演奏に対する指示のひとつで〝徐々に遅く〟という意味。楽譜では「rit.」と表記されるためこう略される。

＊6 フェード・アウト
音を徐々に小さくして最後は無音にすること。

＊7 コントロール・ルーム
レコーディング・スタジオは、ミュージシャンが演奏する「ブース」と呼ばれるエリアと、エンジニアが録音機器を操作する「コントロール・ルーム」と呼ばれるエリアの2つで構成されていることが多い。

効果音の重要性

レコーディングした音楽がすべて映画に合わせられたときに試写を観たのですが、「いやぁ、よくできているなぁ」と思いました。それは自分の音がということではなく、映画自体がということです。当然なのかもしれないんですけど、本当に素晴らしかったんです。

そのときに気づいたことがあって、それはいわゆる音効さん(*8)の力の大きさです。普段はあまりクローズアップされない職業かもしれませんが、「こんなにも影響力があるものなんだ」とあらためて感じました。ドアの開け閉めの音や風の音など、すべての音を組み立てていると思うとすごいですよね。それも効果音を集めたCDなどを使うのではなく、全部オリジナルで作っていくそうなんです。効果音を録るスタジオには木の床、石の床など、いろんな床材があって、それを実際に使って足音を録ったりしていくとのことでした。

さらに、スタジオで再現できない音は実際に録りに行ったりもするんですよね。映画では路面電車が出てきますが、その音は広島の路面電車の音を録りに行かれたのだそうです。そういうサウンド・エフェクトの重要性を、自分は今まで見過ごしていたなと痛感しました。これは自分が音楽を担当したからこそ、その重要性を特に感じることができたんだと思います。

＊8
音効さん
「音効」は音響効果の略。サウンド・デザイナーと呼ぶ場合もある。映像に音を付ける職種だが、効果音の作成／録音から、選曲、音に関する演出まで仕事内容は多岐にわたる。

音楽の使い方や効果音の入れ方は映画だと〝音響〟(*9)とクレジットされている職種の方が、監督と相談しながら決めていきます。その〝入れ方〟によって生かされる音楽というものがあるということも学びました。『コクリコ坂から』では笠松広司さんが音響を担当されていて、とても素晴らしかったんです。

僕らだったら、シーンが変わった瞬間に音も切り替わると生理的に気持ちいいんじゃないかと思ってしまいますが、本当に効果的な音の入れ方はそうではなかったりするんですね。音が先行していたほうがいい場合もあれば、音が後からついてきたほうがいい場合もあるわけです。例えば、振り向いた瞬間に音が切り替わるよりも、振り向いた後に音が鳴ったほうがより感情を揺さぶる演出になったりするという具合です。そういうタイミングひとつ取っても深いなあと思いました。

また、映画が始まるとき最初にジブリのマークが出るのですが、同時にメトロノームの音が鳴り始めます。これは笠松さんのアイディアでした。ジブリ史上初めて、音が乗っているロゴマークにしたいということだったんです。通常、映画が始まるときは、最初に無音で会社のロゴマークが出て、その後に物語が始まって音が入ってきます。でも、この映画では、ジブリのロゴが登場するときに音もスタートさせたかったのだそうです。

§

この映画の音楽で、「国際アニメフェア 個人部門音楽賞」をいただきました。そ

*9
音響
作品によって「音響監督」「音響効果」などのクレジットの仕方がある。

のとき、「丁寧に時間をかけて作ったものの力というのは、やはりあるんだな」と思いました。映画音楽ですから、単に曲が優れているとか、そういうことではないんですよね。映画とのマッチングも含めて、そのクオリティの高さを評価していただけたんだと思います。そこにいたるまでには、いろんな方々のいろんなアイディアの積み重ねがあったわけです。そういう意味では、みんながチャレンジして作り上げた映画だったんだと思います。

SONG 19

「ANNIVERSARY」

ARTIST

JUJU

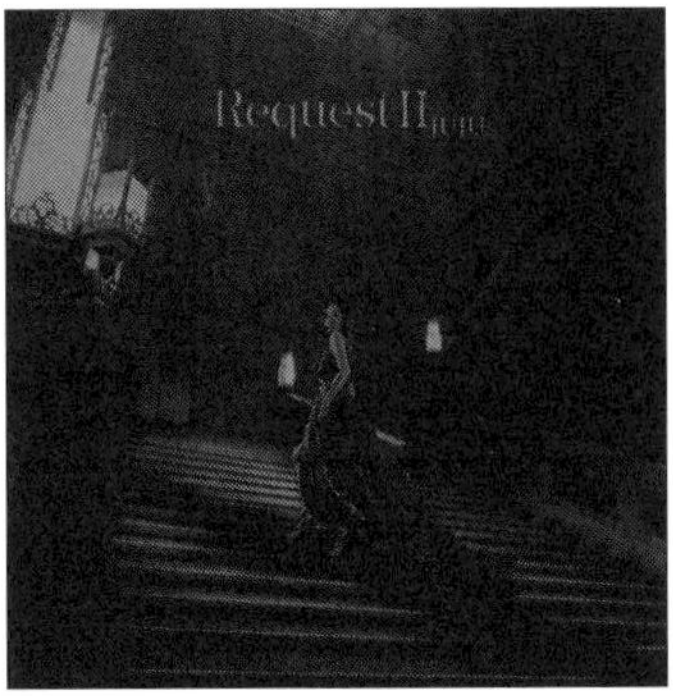

WORDS
松任谷由実

MUSIC
松任谷由実

ARRANGEMENT
武部聡志

RELEASE
2014年12月3日

FORMAT
アルバム
『Request II』収録

LABEL
ソニー・ミュージックアソシエイテッドレコーズ

“オリジナルへのリスペクト”と“歌い手の個性”を両立させたカバー曲のサウンド・プロデュース

JUJUさんによる松任谷由実さんの楽曲のカバーです。原曲のフレーズやコード進行はそのまま踏襲しつつも、JUJUさんの歌を生かすために、ストリングスやギターによる起伏に富んだアレンジに仕上げました。

2回目のカバー・アレンジ

ＪＵＪＵさんとの出会いは、２００９年4月1日に放送された『松任谷由実のオールナイトニッポンＴＶ３』でした。これはユーミンがいろんなアーティストを迎えてトークを繰り広げるという音楽番組だったんですけど、ＪＵＪＵさんもゲストで来て、２人でデュエットしたんです。僕はバック・バンドでピアノを弾いていました。そのときの曲がここで取り上げているユーミンの「ＡＮＮＩＶＥＲＳＡＲＹ」（＊1）だったんです。

その後、ＪＵＪＵさんとはいろんな番組でご一緒させていただくことになったんですけど、「ＡＮＮＩＶＥＲＳＡＲＹ」の前にも1曲、アレンジを担当したことがありました。それは２０１０年のＪＵＪＵさんのアルバム『Ｒｅｑｕｅｓｔ』（＊2）に収録された中島美嘉さんの「ＷＩＬＬ」のカバーです。このときはリズム系の楽器はほとんどなしで、ピアノとストリングスを主体としたアレンジにしました。ＪＵＪＵさんはこのアレンジをすごく喜んでくれて、『Ｒｅｑｕｅｓｔ Ⅱ』で「ＡＮＮＩＶＥＲＳＡＲＹ」をカバーするとき、ぜひ僕にアレンジしてほしいとご依頼をいただいたんです。

そこで僕は、オールナイトニッポンＴＶのデュエットのときと同じミュージシャンでレコーディングすることにしました。ギターはユーミンのさまざまな曲に参加

＊1
「ANNIVERSARY」
オリジナルは１９８９年6月28日リリースのシングル『ANNIVERSARY～無限にCALLING YOU～』。１９８９年11月25日リリースのアルバム『LOVE WARS』には「ANNIVERSARY」の曲名で収録。

＊2
『Request』
２０１０年9月29日リリースのカバー・アルバム。

している鳥山雄司君、ベースは美久月千晴君、ドラムは河村〝カースケ〟智康君です。気心の知れたミュージシャンに集まってもらってのレコーディングとなったわけですが、テレビのときと同じように演奏するということではなく、カバー曲としてのアレンジを再度検討することにしました。

ウェディング・ソング的アレンジ

原曲は打ち込みが主体となっていて、どちらかと言えばクールな方向性のサウンドと言えると思います。それをカバーでは、ウエディング・ソング的な意味合いをもう少し強く出すというコンセプトでアレンジしました。

例えば、原曲のイントロのメロディの前には、パイプ・オルガン的なサウンドのイントロを付けました。またユーミンのステージではイントロのフレーズを僕がピアノで弾いているのですが、それをストリングスとガット・ギターに置きかえたりもしています。これは生ならではの起伏や盛り上がりを意識してのことです。おいしいフレーズを違う楽器で強調するというアプローチですね。

ただ、基本的なフレーズであるとか、コード・ワークに関しては変えていません。カバーだからと言って何でもいじればいいわけでもないですからね。やはり、アレンジも曲のうちであるという松任谷正隆さんが作ったサウンド感は大切にしたいと思っていました。

アレンジに関してＪＵＪＵさん本人からのリクエストは特になかったと思います。レコード会社のプロデューサー／ディレクターの方で、ＪＵＪＵさんと二人三脚のような形でずっと担当されている方がいるんですけど、主にその方とやり取りしていきました。その方からアイディアをいただいたり、僕からも「このフレーズは変えようがないけど、こういうサウンドに持っていこうと思う」と提案したりしていったんです。そうしたディスカッションを経てプランが固まったところでプリプロに入り、そこで作ったデモを聴いてもらってから、本番のレコーディングを行いました。

カバーならではの歌の難しさ

歌入れは僕が担当させてもらったんですけど、ＪＵＪＵさんの歌い方はユーミンよりもウェットだと思うんです。でも、歌ってもらうと最初のうちはどうしてもユーミンのモノマネみたいになりがちでした。ユーミン節みたいなものが出てきてしまうんですね。カバー曲ということでオリジナルの印象が強く残っているのはもちろん、彼女がユーミンのものすごいファンということも大きかったと思います。でもそのままでは単なるコピーになってしまいますから、僕はＪＵＪＵさんの歌い方でとお願いしました。彼女の歌のおいしいところは分かっていましたから、「ここはもうちょっとエモーショナルに」とか「ここはささやくように」と細かくディレクションしていったんです。

特に気を遣ったのはAメロの出だしや後半の落ちサビなどです。そこで声が出た瞬間に、リスナーに〝ＪＵＪＵの歌〟と感じてもらえるようにしたいと思いました。サビで声を張るところはそのままでも大丈夫だったのですが、歌い出しの部分は曲を強く印象付けることが多いので大事にしたかったんです。

カバーが難しいのは、モノマネやコピーになってしまったら、「オリジナルの方がいいじゃん」と言われてしまうところだと思います。カバーとはいえ、作品としては〝歌った人の作品〟として聴かれることが望ましいですよね。同時に、オリジナルの楽曲やアーティストに対するリスペクトも感じさせるものでなければなりません。そうしたバランスを考えながら、歌入れを行っていきました。

エンディングとフェード・アウト

このアレンジでは曲の最後をフェード・アウト（＊3）にしました。最近では珍しいかもしれないですね。実は、当初のアレンジではエンディングも作っていたんです。でもミックスの段階で急遽フェード・アウトに変更しました。サビの盛り上がりか

＊3
フェード・アウト
ここでのフェード・アウトは単に〝音を徐々に小さくしてから消す〟という意味ではなく、あるセクションを繰り返しながら、徐々に音量を小さくして曲を終わらせるというエンディングのスタイルを指す。

らエンディングまでの抑揚の流れを聴いてみると、フェード・アウトにしたほうがより余韻を感じさせられると思ったんです。そこで、録音したデータを切り張り（*4）してフェード・アウトを作ってもらいました。エンジニアは今井邦彦君ですが、信頼している方なので安心して任せられました。

　ちなみに、近年の楽曲の多くがフェード・アウトではなく、エンディングで終わるのは、テレビで演奏することを考えているからです。フェード・アウトだとテレビで演奏したときに、どういう終わり方にすればいいか分からないということになってしまいますからね。

ギターのディレクション

　このアレンジではギターを多用しているのも特徴かもしれません。アコースティック・ギターのアルペジオがベーシックなパートとしてあって、そこにガット・ギター、スライド・ギター、パワー・コード系（*5）のディストーション・ギターなどが入っています。鳥山くんという最も信頼のおけるギタリストが一緒だったから、いくらでもこちらの要望に応えてくれたということもあったかもしれませんね。阿吽の呼吸で僕が欲しい世界観を分かってくれますから。

　ギターのアレンジに関しては、基本となる設計図のようなものは譜面に書いていてい

＊4 録音したデータを切り張り
近年の音楽制作は、パソコン上のソフトで録音／編集を行うことが一般的。このソフト上では録音した音を好きなタイミングで分割したり、コピーして増やしたりといったことが行える。

＊5 パワー・コード系
ギター・コードの押さえ方のひとつで、コードの中で特定の音（3度）を省略するスタイル。音が濁らないようにしたいときによく使われる。

くものの、具体的なフレーズに関してはスタジオでのミュージシャンとのやり取りで決めていきます。特に、歌の合間にフリーな感じで入れるオブリなどは、スタジオで演奏してもらいながら、「これいいね」とか「もっとこうして」という感じで進めていきます。

特に重要な部分に関しては、かなり具体的に指示します。それがギター・ソロであっても、「最初の音はこの音程で伸ばしてほしい」とか「次のフレーズはこういう展開にしてほしい」というところまでは言いますね。僕も小学校3年からギターを弾いていたので、曲に応じたアレンジにおけるギターのイメージがあるんです。

さらにギター・ソロに関して言えば、歌が完全に終わってからギターが入ってくるのか、それとも歌の最後に少しかぶる形でソロが始まったほうがいいのかは曲によってそれぞれなので大切にしたいところです。ギター・ソロをどう締めくくるかも同じです。間奏の後がBメロのメロディに戻るのか、それともサビにつなげるのかで最適な終わり方は変わってきます。こうした音の入口や出口は神経を使うところです。

これはギター・ソロに限ったことではなく、どんな楽器でも同じです。間奏における楽器のソロは、そこまでの歌を受けて間奏を紡ぎ、また歌に渡すという役割があるので、曲にふさわしいストーリーを構築する必要があります。だから、とても大事なんです。

ソロだけでなく、ギターのアルペジオも「こういう風に弾いてほしい」と具体的に指示することが多いです。アルペジオはとてもデリケートな演奏ですからね。ときには二人羽織みたいにして「こういう押さえ方で」と弾いてみせることもあります。「絶対にこうしてほしい」というパターンがある場合は、プリプロで作ったギターの音だけを抜き出して聴いてもらい、「この通りに」とリクエストするんです。「ANNIVERSARY」のアコギのアルペジオもそうでした。なお、この曲のギター・ソロに関しては、やはりオリジナルに影響されている部分が大きいと思います。このコード進行から導かれるおいしいフレーズが自然と形になっていると思いますね。

§

JUJUさんの声は本当に特徴的で、サウンドやパフォーマンスではなく、純粋に〝歌だけで持っていける〟数少ないシンガーだと思います。僕はひと声出しただけで世界が変わるような声で歌う人が好きなんです。ピッチが良いとか、声量があるとか、そういうことよりも声を出した瞬間にすべての色が変わっていくような歌を歌える、そういう人が〝素晴らしいシンガー〟だと思います。ユーミンは当然として、JUJUさんもまたそういうシンガーの一人なのではないでしょうか。

SONG 20

「心の旋律」

ARTIST

有安杏果

WORDS
有安杏果

MUSIC
武部聡志

ARRANGEMENT
武部聡志

RELEASE
2016年7月3日

FORMAT
『ココロノセンリツ♪
feel a heartbeat』収録

LABEL
キングレコード

リアリティを最優先したメロディ作りは
サビの言葉探しから着手

僕は2013年から2016年まで、ももいろクローバーZの音楽監督を務めさせていただきました。その縁もあって、メンバーの有安杏果さんがソロ作品を出す際に、作編曲の依頼を受けることになったのです。

ノートに書き留められた詩

僕は3年間、さまざまな現場でももいろクローバーZの皆さんとリハーサルやライブを共にしたのですが、彼女たち5人の仕事に向き合う姿勢であるとか、周りを巻き込む力などを目の当たりにして、とても多くのことを学ばせていただきました。あの年齢でありながら、素晴らしい人間力を持った5人なんです。

中でも有安杏果さんは、音楽に対してとても貪欲という印象を受けました。歌であったり、ミュージシャンに対しての思い入れや憧れが非常に強いんです。そういうこともあって、彼女がソロで音楽活動をするときには一緒にやりたいねという話をしていました。

その機会が訪れたのが2016年でした。ももいろクローバーZのドーム・ツアー(*1)の最中に、有安さんからソロでライブ(*2)を行って作品もリリースするという話を聞いたんです。そして、いろんな人と一緒に曲作りをする中で、僕にも作曲、編曲で参加してほしいというオファーをいただきました。

しかも、彼女からのリクエストは、とても大事にしている詩に曲を付けてほしいというものでした。子供の頃から日記みたいにして、ノートに詩などを書き留めてきたそうなのですが、その中のひとつがこの曲の元になったのです。

そこで僕は1つの詩に対して2曲作りました。それで「どっちが好き?」という

***1 ももいろクローバーZのドーム・ツアー**
2016年2月から4月にかけて、『MOMOIRO CLOVER Z DOME TREK 2016 "AMARANTHUS/白金の夜明け"』と題し、ナゴヤドーム、札幌ドーム、京セラドーム、ヤフオク!ドーム、西武プリンスドームで開催された。

***2 ソロでライブ**
2016年7月3日に横浜アリーナで行われた有安杏果初ソロライブ『ココロノセンリツ ～Feel a heartbeat～ Vol.0』。

話をして選ばれたのが、リリースされているほうのメロディです。彼女はこの歌詞の中で一番言いたかったサビの「歌いたい、歌いたい　握ったマイクもう離さない」という部分のメロディが、歌ってみてしっくりきたということでした。

この作曲にあたってはリアリティを大事にしたいと思いました。ももいろクローバーZという日本を代表するアイドル・グループで活躍している人間が、自分の弱い部分を言葉にしている、その素直さみたいなものを形にしたいと思ったんです。僕が曲を書いたとしても、彼女が歌ったときに自分の言葉、自分のメッセージとして歌えるようなメロディを書いてあげられたらという気持ちでした。

またアレンジ的にはロック・バンドが演奏するバラードのようなものをイメージしていました。それと有安さんはａｉｋｏさんがすごく好きなんですよね。それで僕も少しａｉｋｏさんの曲を意識した部分があります。ミュージシャンは、ドラムに小田原豊君、ベースに山口寛雄君、ギターに小倉博和君という気の知れた仲間で、エンジニアも今井邦彦君だったので、イメージ通りの音を作れることは間違いないという布陣でした。

どこをサビにするか

作曲前の打ち合わせでは、まずは「どこをサビにするのか？」という話から始めました。もともと歌詞という想定で書かれたものではないので、どこをAメロ、Bメロ、サビにするかを決める必要があったんです。

僕としては、この曲の中でも最も強い言葉は冒頭の「あの夢はかなわない　あの子にもかなわない～」というセクションではないかと思いました。でも、そこをサビにするのではなく、テーマの提示部分として本編の前に持ってきました。シャンソンなどにもあるような、曲に入る前の独白のようなイメージですね。そこから曲に入るといいのではと思ったんです。

もちろん、人によってはここをサビにする場合もあるでしょうし、Aメロにするかもしれません。でも、僕はどちらでもないなと思ったんです。この言葉のセクションを曲の最初と、そして最後にも付けたいというのが僕のアイディアでした。多少、曲が長くなってもそのほうが曲の形としてしっくりくると思いました。

次に、サビの最後に出てくる「歌いたい、歌いたい　握ったマイクもう離さない」というところがキラーセンテンスになるような曲にしようと思いました。一青窈さんの「ハナミズキ」で言えば、「君と好きな人が百年続きますように」の部分のような感じですね。

1番に関しては、このように元からある詩を元にメロディを作っていったのですが、2番以降はメロディに合わせて歌詞を変えてもらうということもお願いしました。もともとメロディのことを考えて作った言葉ではないので、ハマらない部分も多かったんです。結構直してもらったのですが、そのときには自分の感情をぶつけるような、サラっと歌えるものではなく、ある意味、身を削って歌うような曲になればということも考えながら相談していきました。

この曲は間奏で転調して、その後のサビは半音高くなっています。これも魂の込もった力のある歌にしたかったからです。もともとは転調していなかったのですが、フルコーラスのアレンジをしたときに少し物足りなく感じて、ギリギリのところで声を張っている感じが欲しいと思い転調を入れることにしました。そして、彼女は僕の期待以上の素晴らしいパフォーマンスを見せてくれました。

音楽監督の役割

ももクロのメンバーとは最初に音楽監督として付き合い始めたので、ここで僕が考える〝音楽監督〟についてもお話してみましょう。

音楽監督の方法論は人によって違うと思いますし、それがツアーなのか、テレビ番組なのかといった現場によっても異なると思います。ですので、ここでは〝僕の場合〟ということに限らせてもらえればと思います。

僕が考える〝音楽監督〟は、音楽的なことをすべて取りまとめる立場であるということが一つあります。でも、それだけではないんです。

一番大事なのは、フロントに立つアーティストやミュージシャンがいかに安心して、伸び伸びとパフォーマンスができるかなんですね。そのためには演奏のことだけではなく、リハーサルのスケジュールをどう組むかというのも音楽監督の仕事だと思っています。〝休憩はここで入れよう〟とか、そういうこともミュージシャンが良いプレイを行う上では必要な配慮なんです。

さらに、アーティストがどういう風に曲を聴かせたいと思っているかを理解して、ミュージシャンやPAエンジニア、舞台監督、照明など、いろんなスタッフとコミュニケーションを図っていくのも音楽監督の仕事です。アーティストの代弁者として、アーティストがうまく言えないことを、通訳みたいな感じでスタッフに伝えていくわけです。アーティストがその演奏をどうしたいかを僕に言えば、すべての関係者に意図が伝わるようにしたいと思っています。

この考え方はライブでも、テレビ番組でも基本は同じです。ゲストで歌う方が、いかに伸び伸び歌えるかを考えますし、どうすれば番組として成功するのかということを考えます。またゲストの方に応じて、〝こういうタイプの曲であれば、こういう演奏が必要だな〟ということで、ミュージシャンに関しても僕が選ばせていただいています。しかも、大抵は何らかの条件があるわけです。それは時間かもしれないし、予算かもしれないわけですが、その中でのベストな落としどころを見つけるのが音楽監督です。

さらに、コンサートの場合はそのステージ全体で何を表現するかを考えることも大切です。例えば、ユーミンのコンサート（＊3）の場合は毎回コンセプチュアルですから、選曲の段階から松任谷正隆さんと一緒にテーマに添って考えていきます。「武部のアイディアはどう？」「この曲だったら？」みたいな感じでディスカッションをしていきますし、ステージ用のアレンジも1曲だけを取り出して考えるのではなく、ショー全体の中での各曲の役割を考えていきます。〝最終的にこのショーは何を目指しているのか〟〝お客さんに何を訴えたいのか〟を明確にすることが重要なんです。

また、一般的なコンサートにおいて、ミュージシャンと大道具のスタッフの方が会話をすることはあまりないと思いますが、ユーミンの現場ではすごくよく話しています。そして、スタッフ全員がプロフェッショナルの集まりですから、何か問題提起すれば、それに対して全員が自分のポジションからの意見を言ってくれるんです。「僕はもっとこうした方がいいと思う」とか、「ここに問題があると思う」と忌憚なく話し合えるチームですね。

ユーミンのステージは演出も緻密ですから、全員で情報を常に共有していないと、アクシデントにつながる恐れもあります。〝自分は関係ないよ〟というわけにはいきません。それこそ、ある部分を1小節だけ音をのばすとなったら、それはバンド内だけの問題ではなくて、ライティングのスタッフにも報告しなければならないわけです。「ライティングのセクション大丈夫？明日、対応できる？」みたいな感じで、

＊3
ユーミンのコンサート
武部は1983年より松任谷由実のコンサートにおける音楽監督を務めている。

常に話し合っていきます。

最初にももクロの仕事をいただいたときも、まずは彼女たちがすごく楽しくパフォーマンスできる場を提供したいと思いました。2013年の西武ドーム（＊4）での公演で初めて僕らが演奏したのですが、そこで背中を押される感じ、自由に泳げる感じを体感してほしいなと思ったんです。それまでの彼女たちは、カラオケで歌う形が基本でしたからね。

そのために僕は、百戦錬磨のつわもので編成されたバック・バンド「ダウンタウンももクロバンド」を作りました。そこで音楽的な支えを作ることで、彼女たちが自由に泳げるようにしたかったんです。それはもちろん、彼女たちのキャリアとして、そのタイミングだったからというのはあります。次のタイミングではまた違う形が正解かもしれません。同じアーティストでもタイミングによって、ミュージシャンも変わるべきだろうと思います。

ですから、音楽監督を務める場合は、自分のピアノのことが一番後回しになります。それよりも、ほかのミュージシャンがどういうプレイをしているかとか、それを見ているスタッフがどういう反応をしているかとか、歌っているアーティストがどういう感触を持っているか、何を不満に思っているかといったことのほうが気になるんです。

§

＊4
2013年の西武ドーム
2013年4月13日／14日に行われたライブ『ももいろクローバーZ 春の一大事2013 西武ドーム大会～星を継ぐもも vol.1／vol.2 Peach for the Stars～』。

ももクロの音楽監督は2016年でひと区切り付けさせていただき、現在は宗本康兵君がダウンタウンももクロバンドのバンマスとして頑張ってくれています。そして有安さんは2017年に、「心の旋律」も再収録されたソロアルバム『ココロノオト』をリリースされました。これからアーティストとしてどんな成長を遂げていくのか、とても楽しみです。

INTERLUDE

歌の「つなぎ」

歌入れで重要な作業に“テイク選び”と“つなぎ”があります。多くの場合、歌は何度か歌った中で、最も良い部分を選んでつなぎ合わせて完成させることが多いのです。この歌のつなぎに関して、僕はものすごく自信があります。

ほかの方のやり方は知らないのですが、僕はまず歌詞カードをたくさん用意して、そこにチェックした事柄を書き込んでいきます。例えば、テイク1からテイク10まで10回録ったとしたら、10枚の歌詞カードに「この言葉の表現が良かった」「ここのブレスが良かった」と書いていき、「1行目はテイク1で、2行目はテイク3を使おう」と決めていきます。

確認がすべて終わったら、スイッチ・ボックスで歌をつないでいきます。これはボタンでテイクを切り替えられる機械です。今はソフト上で切り張りができるので、あまりスタジオでも見なくなりました。でも、僕は今でもこのスイッチ・ボックスの方がイメージ通りの歌の世界を作れるんです。

このつなぎの作業でポイントとなるのは、例えばテイク1の1行目からテイク3の2行目につなぐときに、1行目の最後のワードでテイク3に変えるのか、それとも2行目の頭のブレスからのほうがいいかを見極めることです。こうした部分はじっくり検証します。歌入れ以上にテイク選びに時間をかけているかもしれません。特に大事にしているのはブレスや語尾などです。その選び方で表情が全く変わります。僕は生身の人間的なところを切り取りたいと思っているので、多少声がかすれていても、そのニュアンスが良ければ、そのテイクをチョイスするようにしています。

SONG 21

「糸」

ARTIST

EXILE ATSUSHI

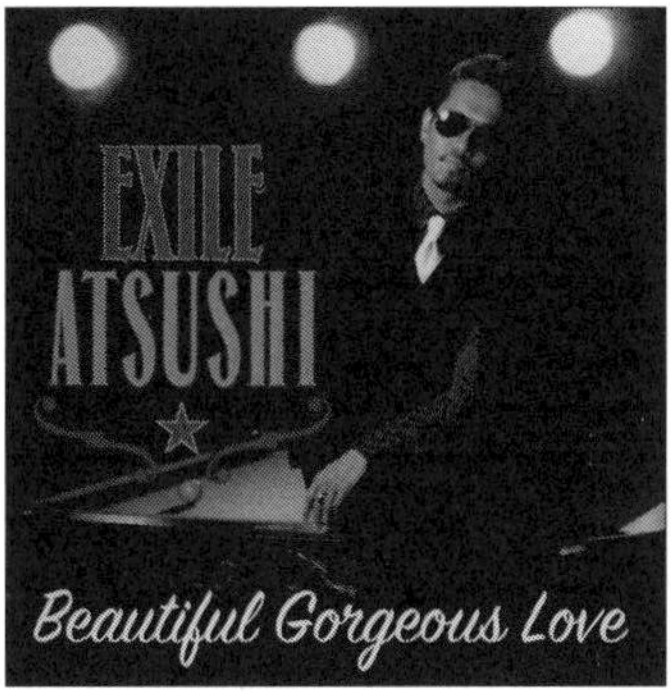

WORDS
中島みゆき

MUSIC
中島みゆき

ARRANGEMENT
武部聡志

RELEASE
2016年7月6日

FORMAT
シングル
『Beautiful Gorgeous Love』収録

LABEL
rhythm zone

温かい歌声を軸に編曲された名バラードのカバー

中島みゆきさんの楽曲のカバーで、EXILE ATSUSHI君とは2度目のお仕事になりました。バラードにおける彼の歌の魅力を最大限に引き出そうとした結果、原曲を少しだけ変更させていただくアレンジにしています。

オーボエをフィーチャー

中島みゆきさんの「糸」は、本当にたくさんのアーティストの方がカバーなさっていて（＊1）、アレンジもいろんなバージョンがあります。そういう意味でも、まさに名曲中の名曲と言ってよいのではないでしょうか。

EXILE ATSUSHI君と最初にお仕事をさせていただいたのは、彼が美空ひばりさんの「愛燦燦」をカバー（＊2）したときです。このときも僕はアレンジで参加させていただきました。恐らく、そのときのサウンドを気に入ってくださって、この「糸」でもお声がけいただいたんだと思います。このカバーはCMで使用されたのですが、お話をいただいた時点でそれも決まっていました。

ちなみに、僕は中島みゆきさんとお仕事させていただいたことはないんです。でも、僕なりの解釈で、ATSUSHI君に合うアレンジにしたいと思って取り組みました。

サウンド全体としてはピアノ、ストリングス、そしてオーボエが中心となって組み立てられていると感じられるのではないでしょうか。特に、イントロのメロディや歌のオブリに使っているオーボエがポイントだと思います。ストリングスだけで構築するのではなく、木管楽器を入れてアクセントにしたいと思ったんです。ただ、そこでフルートなどではなく、なぜオーボエだったのかは自分でもわかりません

＊1
たくさんのアーティストの方がカバーなさっていて
前年度にJASRACからの著作物使用料の分配額が多かった曲に贈られる「JASRAC賞」において、「糸」は2017年に「金賞」を受賞。JASRACのWEBサイトにおける発表によれば、CM等で利用されたほか、カラオケの定番曲となったことも理由のひとつであるとのこと。「糸」は2016年にも「銅賞」を受賞している。

＊2
「愛燦燦」をカバー
2014年2月19日リリースのシングル『青い龍』、同年3月12日リリースのアルバム『Music』に収録されている。

（笑）。直感的に〝これはオーボエがいい〟と思ったんです。もしかしたら、映像的な感じに聴かせたかったのかもしれません。オーボエのような楽器が一つ入るだけでも、映画のワンシーンのような雰囲気になりますよね。ATSUSHI君も「オーボエがいいですね」と言ってくれたので、僕の狙いは伝わったのかなと思います。

ストレートカバー

何らかの楽曲をカバーする際には、その楽曲の著作権を管理している音楽出版社（＊3）に許諾を取る必要があります。これはどんな曲でも必要な手続きですが、許諾にあたっては条件がある場合もあります。中島みゆきさんの楽曲は〝ストレートカバー〟という決まりがあって、これは曲や歌詞の構成を変えてはいけないというルールです。

しかし、僕は最後のサビの後に、どうしてもそのサビの最後の2行を繰り返したいと思いました。最後のサビで転調しているのですが、そのまま終わらせてしまうと、どうしても短い気がしたんです。何か物足りなかったんですね。繰り返したほうがよりグっとくる感じにできるし、その繰り返しで歌詞の語尾を伸ばすところを作ると、ATSUSHI君のボーカルの魅力をさらに引き出せると思いました。

もちろん、僕としてもカバーだからといって、いじり倒そうというつもりはあり

＊3
音楽出版社
この場合の〝出版社〟とは楽譜等の発行を行う出版社のことではなく、楽曲の著作権者として管理等を行う会社のことを指している。

ませんでした。原曲の魅力的な部分や流れを残しつつ、その上でカバーとして歌うアーティストの色合いを生かせる落としどころを探した結果だったんです。

それで、変更の許諾申請をして無事にOKをいただくことができました。もちろん、音楽出版社を通じてのことなので、みゆきさんご本人がどう思われているのかは知るよしもないのですが。

歌を支えるパート

この曲のアレンジでは、何よりATSUSHI君の歌い方を生かすということがテーマとしてありました。そこでワンコーラス目は打ち込みのクールなドラムをベースにして、アコースティック・ギターとピアノで彩りを加えています。そして、ツーコーラス目から生のドラムとエレキベースが入り、最後は転調して、前述のサビの繰り返しがあって終わるという流れにしました。こうした1曲を通しての盛り上がりのカーブみたいなものは最初に決めてからアレンジに取りかかっています。

ワンコーラス目をアコギとピアノだけにして、打ち込みのドラムはナシにするという案も考えられますが、それだとボーカルにすべてを委ねすぎる感じになってしまうと思います。かと言って、いきなり生のドラムだと音圧がありすぎるんですね。もう少し抑えた感じにしたい。それで打ち込みのドラムにしました。控えめであっても、リズムをキープしているパートが一つあるだけで、ボーカリストは歌うのが楽になります。支えができるという感じでしょうか。

§

ＡＴＳＵＳＨＩ君は徳永英明君のことが好きなんですよね。だからなのか、彼のボーカルには徳永君に通じるところがあるかもしれません。思いきり張るというよりも、ちょっと抜いて歌うところが魅力的ですよね。特にファルセットに切り替わる瞬間なんかはすごくゾクッとします。だから、原曲にはない繰り返しでのロング・トーンを生かしたかったんです。

また、声や歌の感じが温かいんです。ＥＸＩＬＥでダンサブルな曲を歌うときはまた違うのかもしれませんが、バラードでは包み込むように歌いますよね。しかも、暑苦しくないんです。そこも徳永君と近いかもしれません。とてもデリケートな歌を歌う人だなと思います。

GUEST INTERVIEW 04

今井邦彦

Kunihiko Imai

Recording & Mixing Engineer

“常に“良い時代のポップス”を表現し伝えられている方だと思います”

Mr.Children作品に欠かせない存在として知られるエンジニア、今井邦彦さん。実は本書で取り上げているだけでも「Progress」「みらい」「ANNIVERSARY」「心の旋律」「糸」「結婚しようよ」を手掛けてられており、武部さんからの信頼の厚さをうかがえます。そんな今井さんから見た“武部聡志のレコーディング”についてお話を伺いました。

PROFILE

レコーディング／ミキシング・エンジニア。1959年10月20日生まれ。スターシップスタジオ、ビクタースタジオを経てフリーランスとなる。サザンオールスターズ、布袋寅泰、今井美樹、エレファントカシマシ、My Little Lover、一青窈、JUJUなど数多くのレコーディング、ミキシングを手掛けている。中でも、Mr.Childrenに関しては2002年のアルバム『IT'S A WONDERFUL WORLD』以降、すべての作品のレコーディングを行っている。

いろんなことがうまくいった「Progress」

——武部さんと初めてお仕事されたのはいつごろですか？

●1984年です。当時、私はスターシップスタジオのアシスタント・エンジニアだったのですが、岸正之さんのレコーディングに、武部さんがアレンジャーとしていらっしゃったんです。まだ武部さんも20代だったと思いますが、アルバムのアレンジを全曲手掛けられていました。数年後、私はビクタースタジオに移ったのですが、その後に武部さんとご一緒する機会はそれほどありませんでした。全くなかったわけではないのですが、kōkuaの「Progress」（2006年）は久しぶりだったように思います。それからしばらくして、2008年にリリースされた一青窈さんのアルバム『Key』では1曲を除いたすべての曲を手掛けさせていただき、「良かったよ」と言ってもらえたんですね。それからお仕事させていただく機会が増えた感じです。

——「Progress」は武部さん自ら「自信作」と語られている通りのヒット作となりましたが、今井さんはどのような感想をお持ちですか？

●いろんなことがうまくいったレコーディングだったと思います。プリプロを見に行かせていただいて、レコーディングの前に曲を聴いておけたのもよかったですね。プリプロの場所は青葉台スタジオで、そこには武部さんと小倉（博和）さん、それにスガシカオ君もいました。

——「Progress」はロックな質感がとても素晴らしい楽曲ですが、武部さんから何かリクエストなどはあったのでしょうか？

●〝オフっぽいドラムにしたい〟ということをおっしゃっていました。スタジオがオンエア麻布スタジオという響きを録れるスタジオだったことと、ドラマーが屋敷（豪太）さんだったので、あの音にできたんだと思います。もちろん、アレンジ的には小倉さんのギターありきの曲ですよね。また、武部さんが手掛けられた作品で、思いきりロックなものってそれほど多くないと思うのですが、とても良いんですよね。的を射ている感があります。やっぱり若い頃ロックをたくさん聴いて育ったからなのではないでしょうか。

――レコーディングの雰囲気はどんな感じだったのでしょうか？

●最初に自分がスタジオに入って、その後にまず屋敷さんが現れたんです。初対面だったのですが、フランクな方なのですぐに良い雰囲気ができました。また、根岸（孝旨）さんと小倉さんは旧知の仲ということもあり、1日ですべてを録らなければいけないという強行スケジュールだったのですが、非常にスムーズに進められました。ストリングスは別日だったと思いますが、オケを録って、歌もその日の夜に録りましたね。

テイクワンでほぼ形はできている

――武部さんのレコーディングの進め方における特徴というと、どんなところでしょうか？

●とにかく速いですね。これは音楽業界の方なら誰でもご存じだと思います。物事を的確に進めていかれるんです。言い方を変えると、せっかち度ナンバーワンというか（笑）。

――武部さんは、スタジオに来られたら何から始められるのですか？

●まずはプレイヤーの方々と一緒にデモを聴きます。そこで〝こんな感じでいこう〟とテーマを決められますね。ロック系なのか、ポップ系なのかとか、〝もうちょっと荒れた感じでいこう〟とか、そういう全体的な雰囲気の話をされます。

――それを受けて、今井さんも準備されるのでしょうか？

●いいえ、その前に準備してサウンド・チェックも済ませておきますが、もちろん多少変更の余地は残してます。その話を聞いてから変更している余裕はないんです。話が終わったら、すぐに「じゃあ、やろう」となりますから。それで全員スタジオに入ったら、〝ワン・ツー・スリー〟のカウントでいきなり始まるんですよ。

――軽く音合わせをするということもなく？

●ないですね。いきなり最初から最後まで演奏です。

――では、今井さんも、すぐに録りはじめるわけですね。

●はい。準備していなかったら、「まだ？」って言われちゃいます（笑）。でも、武部さんのレコーディングに参加されるミュージシャンの方々は皆さん一流なので、いきなり演奏しても、ほぼそれで完成してるんです。それで、演奏終了の余韻の中、〝ガタッ〟と音がするんですよ。コントロール・ルームの窓ガラス越しにブースを見ると、武部さんはヘッドフォンを置いてもう立ち上がっているんです。ほかのミュージシャンの方は、まだ演奏終了の余韻の中で静かにしていて、レコーダーも止めてないんですけどね。武部さんは「よし、聴こう」という感じで、コントロール・ルームに戻ろうとしているんです。

――一秒たりともムダにしない感じですね。

●そうです。そこで録った音を聴いて、直す部分を決めたりして、また録ってみるという進め方です。

だから、テイクワンで既にある程度の形は見えています。

――では、テイクもそれほど回数は重ねないのでしょうか？

●セッションにもよりますが、いわゆるスタジオ的なセッションであれば3回もやれば終わりかもしれないですね。多くても4回で、5回やったらやり過ぎかもしれません。まさにプロの仕事という感じです。皆さん間違ったりしませんからね。特に武部さんのピアノにはミスがないんです。リズムも正確ですし、ムダがないというか、何をしたいのかがハッキリしています。本当にピアノがうまい方なんだなと思いますね。それを武部さんに言うと「そんなことはないんだ」とおっしゃいますけど。

ストリングスはデッカツリーで収録

――マイクに関して、武部さんからリクエストがあったりするのでしょうか？

●オケに関してはほぼ任せていただいています。歌のマイクに関しては、例えば一青（窈）さんの初期のころは、いろいろ試したこともありました。

――どんなマイクを試されたのですか？

●AKG C12、TELEFUNKEN ELAM 251、Brauner、NEUMANN U67などです。2本同時に立てて聴き比べ、ほかにも候補のマイクがあれば、その2本のうちで良かったほうを残して、また2本で聴き比べるというやり方です。最近はELAM 251に落ち着いています。

――武部さんの好みのマイクの傾向はありますか？

●歌がスカンと抜けてくるような、ハイ上がりのハッキリしたサウンドを好まれるという印象があります。

——一青窈さんのレコーディングで印象深かったことはありますか？

●一青さんのレコーディングでは、武部さんがピアノを弾いて、一青さんが同時に歌うという録り方をよくやります。ブースは分けますけど、歌と演奏を同時に録るんです。そのほうが2人とも良かったりするんですよ。緊張感がなすからか、音色で苦労したことはありません。ピアノはマイクの設定なども大切ですが、それ以上に〝鳴っている音〟に左右されることが多いんです。そういう意味でも武部さんのピアノは素晴らしいです。

——武部さんのピアノはどういうセッティングで録ることが多いんですか？

●最近はU67を2本、ハンマーの辺りか、柔らかい感じの曲であれば弦を狙う感じです。だから、オンマイクだけですね。これは歌ものに関してのことなので、劇伴用のピアノ・ソロだったりすると、また違うセッティングにすると思います。劇伴に関しては、私は映画『小川の辺』（編注：2011年公開）でご一緒しただけですが、武部さんの映画音楽もすごくいいんですよね。

プレイヤーと一体となったストリングス録り

——武部さんのアレンジではストリングスも特徴だと思いますが、録り方のリクエストなどはあるのでしょうか？

●ストリングスで特に何か言われたことはないですね。恐らく、私の趣味と武部さんの趣味が合っているんだと思います。マイクも奇をてらった選び方はしていなくて、大抵はNEUMANN系のマイクで録っています。編成にもよるのですが、大きければKM84、U47、小さければU67という感じで、基本的にはデッカツリーと各オンマイクで録っています（編注：デッカツリーは左右2本のマイクの間に、センター用の1本を加えた3本によるステレオ録音の方法）。

——弦のレコーディングも、武部さんはやはりスピーディーなのでしょうか？

●無駄がないですね。しかも、ムリにバランスを取らなくても、聴かせたい音が聴こえてくるんです。いわゆるフォー・リズムを録ってから、ストリングスのダビングという順番なんですが、リズム録りの時点である程度、見えてるんだと思います。それに対してのストリングだから呼応し合うというか、うまく鳴るんですよ。武部さんとそういう話をすると、「俺だって経験で学んだんだよ」とおっしゃっていました。あと、武部さんはブースの中に入って〝こんな感じ〟ということをプレイヤーに伝えるんです。だから、オケと一緒にやろうとしている感じがして、プレイヤー側としても理解しやすいんだと思います。

——そういう現場の進め方もやはりアレンジャーの方によって違うのでしょうか？

●人それぞれですね。それこそストリングスを録っているときに聴く音のバランスも人によって違いますから。

——録っているときに何を聴きたいかがアレンジャーの方によって異なるということですか？

●そうです。もちろん、それは最終形とはまた別の録っているときのバランスですけどね。だから、〝この人だったら、今はこういうバランスで聴きたいだろうな〟ということは考えます。〝この人は今やっている音をきちっと聴きたいんだろうな〟とか、〝中の和声がきちんと鳴っているかを確認したいのかな〟とか。あと、ダビングのときに録っている音をしっかり聴きたい人と、録っている音をデカくしてほしくない、つまり完成形に近い音で聴きたい人、そしてその中間の人もいるので、大体はその3タイプに分けてバランスを作ります。武部さんとの弦のレコーディングでは、今やってる音を確認しやすいバランスにすることが多いですね。

表現したいことがシンプルに伝わってくる

――レコーディングやミックスを手掛けていると、アレンジャーの方の特徴がいろいろと見えてくるものなのですね。

●そうですね。武部さんの場合は表現したいことがシンプルに伝わってくるという印象があります。理路整然としていて、変に曖昧にしたりしないんです。そんなことを言うと「シンプルとかじゃねぇよ」って言われそうですけど(笑)。

――ここまでのお話を伺っても、武部さんと今井さんの〝相性の良さ〟みたいなものを感じます。

●そうかもしれませんね。武部さんにどう思われているかはわかりませんけど(笑)。武部さんとのお仕事だと示された道を間違えないで行きやすいという感じです。たまにあるんですよね。アレンジャーの方が思っている方向と、私が受け取っている方向が違うということが。でも、武部さんの場合はミックスが終わって振り返ると、考えている方向が一緒だったなと思うことは多々あります。もちろん、録りのときから「こういう感じにしたいんだよね」という話は聞いていますし、歌入れやミックスでも「こういう感じでやってほしい」というリクエストをもらっていますから、当然かもしれませんが。それでも、この間〝ちょっと違う〟ということがありました。

――どう違ったんですか？

●武部さんから見ると、どうも私の音は汚いらしくて、「キレイな音なんか録れねぇよな、今井は」って言われるんですよ。「そうかなあ？」と思うんですけど（笑）。でも、chayさんのレコーディングのとき、「これ、小ぎれいだな。もっとエネルギーが欲しい」と言われました。もっと荒れた音が良かったらしくて、それはちょっと修正しましたね。

――ミックスでの武部さんのリクエストは、やはり歌に関することが多いのでしょうか？

●そうですね。武部さんとお仕事していると、最終的にはやはり歌の話になります。基本的には「歌を大きめにしようよ」という方向性ですしね。リードとなるものをきちんと聴きたいと思っていらっしゃるのではないでしょうか。直接的にそういう話をしたことはないですけど。

――歌のつなぎもボーカル・スイッチャーを使って、武部さんご自身が行われるそうですね（248頁参照）。

●そうなんです。レコーディングをAvid Pro Tools（編注：録音／ミックス用のソフトウェア）で行うようになってからは、あまり見られなくなったスタイルですけどね。大抵は、歌詞カードにどれを選んだかを書いてもらって、エンジニアが波形編集で歌をつなぎ、それを聴きながら最終的に修正していくんです。でも、武部さんは自分でボーカル・スイッチャーを使ってつないでいくんですよ。〝マイスイッチが欲しい〟と言ってました（笑）。実際、鬼のようにスイッチングがうまいんです。武部さんは、歌のつなぎにはけっこう時間をかけられますね。1時間から2時間くらい吟味されているときもあります。かなり細かく選んでいかれるんですよ。

――歌のつなぎでは、そのスイッチングしたものを録るわけですか？

●確認で聴くために録りますが、それは仮ですね。OKになったら正式に波形編集でつないでいきます。

〝作曲家〟としての魅力

――あらためて〝武部作品〟を振り返ってみると、特徴はどこにあるとお感じになりますか？

●常に〝良い時代のポップス〟を表現し、伝えられている方だなと思います。一時期、ものすごく音を詰め込んだ曲がはやったことがありましたが、そんなときでも武部さんの作品は〝そういうことじゃないんだよ〟と言ってくれている感じがしました。また、武部さんのお書きになる曲も良いんですよね。一青窈さんの作品で「いい曲だなあ、誰の作曲だろう？」と思うと、武部さんなんですよ。武部さんの曲、好きですね。

――このインタビューの冒頭で、一青窈さんのアルバムのときに「良かったよ」と声をかけられたということを伺いましたが、それ以外に今井さんのお仕事で何か感想を聞いたりされたことは？

●話はしますけど、基本的には「よろしくな」「ありがとな」くらいの感じですかね（笑）。

――世代的には武部さんと今井さんはほぼ同じくらいですよね？

●近いですね。私が2歳くらい下なんですけど、最初の出会いがアレンジャーとアシスタント・エンジニアだったので、ずっとその上下は変わらないですね。30年以上経っても（笑）。

――では、そんな武部さんにメッセージをいただけますか？

●これからもよろしくお願いします。最近お会いしてないので、たまには呼んでください（笑）。

SONG 22

「結婚しようよ」

ARTIST

chay

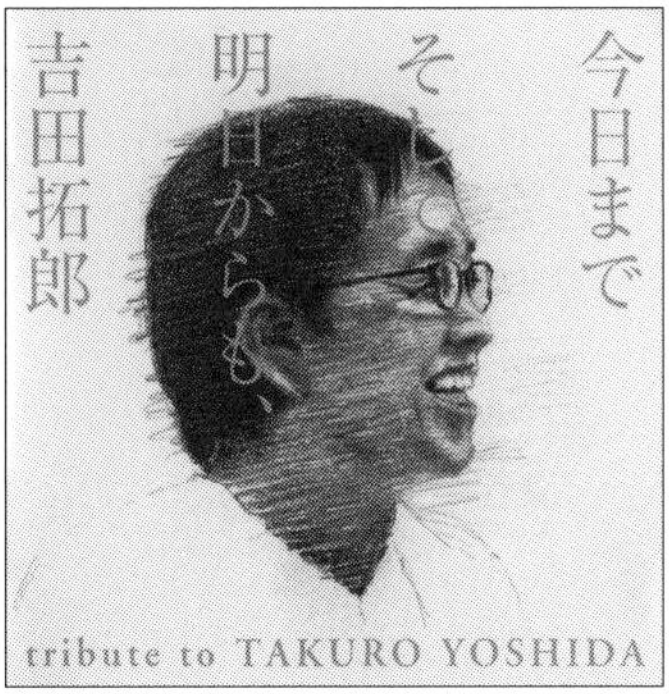

WORDS
吉田拓郎

MUSIC
吉田拓郎

ARRANGEMENT
武部聡志

RELEASE
2017年6月7日

FORMAT
吉田拓郎トリビュート・アルバム
『今日までそして明日からも、吉田拓郎 tribute to TAKURO YOSHIDA』収録

LABEL
ユニバーサル ミュージック

吉田拓郎への想いを込めて代表作をポップにアレンジ

本書の最後を飾るのは、吉田拓郎さんの楽曲「結婚しようよ」のカバーです。このカバー・バージョンが収録されているアルバムは、僕が企画して、さまざまなアーティストの方に参加していただいた吉田拓郎さんのトリビュート集です。

音楽の本質

既にご紹介した通り、吉田拓郎さんとは『LOVE LOVE あいしてる』という番組で初めてお会いしました。その後、セッションを共にしたり、ツアーを回ったりするうちに、僕は拓郎さんから〝音楽の本質〟を学ばせていただくことになりました。

この〝音楽の本質〟とは何かを説明するのはとても難しいのですが、ひとつ言えることは、〝自分の中から湧き上がってくる衝動を何のてらいもなく形にできるというのは、とても大事なことである〟ということです。

音楽を作るときに衝動だけで形にできることは少なく、大抵はいろんなものをまとうことになりがちです。それは時代感であったり、売ることであったり、さらには売れたことで背負わなければいけないことであったりとさまざまです。

それでも、アーティストというのは自分の中にあるものをいかに真っすぐ出すかが大切だということを、拓郎さんにはすごく教えられました。例えば、拓郎さんとセッションしているとき、「ここのコードはこれに変えませんか?」と提案したとします。それを受け入れてもらえるときと、そうでないときがあるんです。そして、受け入れてもらえないときは僕らが何を言っても決して曲げません。「ここはこのコードだからいいんだ」とこだわりを貫くのです。

そんな拓郎さんとお仕事をさせていただいたからこそ、アレンジというのは変えればいいということではなくて、曲を作った本人が描いている景色を、自分も同じように思い描けないとダメなんだということを理解することができました。

我々のようなアレンジャーやプロデューサーは、えてして〝変えること〟に力点を置きがちです。そして、それは単なる自己満足に終わってしまうことも少なくありません。でも、拓郎さんと出会った後は〝変えること〟と〝変えないこと〟の両方を考えられるようになりました。プロデュースするアーティストの深い部分まで理解することと、それを世の中に送り出すための伝わりやすい形を模索することを、同時に行えるようになったのです。

音楽は楽しむもの

本書で紹介した楽曲を年代順に聴いていくと、当初はシンセサイザーで構築したサウンドが多いのですが、ある時期からアコースティックな楽器を中心としたアンサンブルへと変化していることに気づいていただけるかと思います。それに伴って、サウンドもシンプルな方向へと向かっています。

この変化は僕がある時点で、シンセよりも生楽器を中心に世界観を作るほうが得意だということに気がついたことが大きな要因です。〝得意〟とは言い換えれば〝オリジナリティ〟です。時代に合わせることは簡単ですが、それよりもブレずに自分のオリジナリティを出していくことのほうが大事であり、長く音楽を続けていくために最も必要であるということも、拓郎さんから教わりました。

拓郎さんと出会ったのは、僕が40歳くらいのときですが、その後の40代、50代でどのように音楽と向き合っていくかという指針をいただいた気がします。ミュージシャンは吸収する姿勢をなくして、「もういいや」と思ってしまったら、そこでおしまいです。恐らく、吉田拓郎という人との出会いがなかったら、僕の作る作品も、仕事への取り組みも、もっと言えば生き方みたいなものも変わっていたでしょう。

中でも〝音楽は楽しむものだ〟ということを学べたのは大きいと思います。もしかしたら、これが今も音楽を続けられている理由かもしれません。拓郎さんが僕らのような後輩ミュージシャンと交わり、さらには全く世代の異なるＫｉｎｋｉＫｉｄｓとも音楽を楽しんでいる姿は何よりも刺激になりました。

人選と選曲

そんな拓郎さんは２０１６年に古希を迎えられたわけですが、その70歳の誕生日の４カ月くらい前、確か２０１５年の暮れ辺りに、「70歳をお祝いするようなアルバムを作りたいんですけど」というお話をさせていただきました。すると拓郎さんは「僕は今までそういう話をいっぱいもらってきたけど、全部断ってきた。でも、武部がやるんだったらいいよ」と言ってくださいました。しかも、「好きに曲を選べばいいし、人選も任せたよ」とおっしゃっていただいたんです。形にするまでには、それから1年以上かかりましたが、その理由のひとつはやはり人選（*1）です。僕は拓郎さんの音楽をリアルタイムで聴いて影響を受けたアーティストはもちろん、〝影響を受けたアーティストから影響を受けた人〟であるとか、〝吉田拓郎の音楽〟にこれまであまり触れてこなかったような人まで網羅したいと思いました。

例えば、「人生を語らず」をカバーしていただいたTHE ALFEEの3人は拓郎さんの影響を直接受けたアーティストです。一方でchayさんは、拓郎さんの曲を知ってはいても、その音楽性や本質には触れてこなかった若いアーティストです。でも、彼女のお父さんは拓郎さんを聴いて育った世代だそうなんです。

そして、奇しくも僕が彼女に歌ってもらいたいと思った曲と、彼女が歌いたいと思った曲は同じでした。僕が「これを歌ってほしいんだけど」と言ったら、「私もこれが歌いたかったんです」と言ってくれたのが「結婚しようよ」だったんです。

テレビ局の前室で聴いた弾き語り

chayさんとはデビュー前から面識がありました。僕が音楽監督を務めていた

＊1 人選
このアルバムに参加したアーティストとカバー楽曲は次の通り。
1　奥田民生「今日までそして明日から」
2　chay「結婚しようよ」
3　Mrs. GREEN APPLE「流星」
4　寺岡呼人 feat. 竹原ピストル「落陽」
5　鬼束ちひろ「夏休み」
6　一青窈「メランコリー」
7　井上陽水「リンゴ」
8　高橋真梨子「旅の宿」
9　徳永英明「やさしい悪魔」
10　織田哲朗「おきざりにした悲しみは」
11　THE ALFEE「人生を語らず」
12　ポルノグラフィティ「永遠の嘘をついてくれ」

テレビ番組『僕らの音楽』の現場に来たことがあったんです。それも出演のためではありませんでした。「私はギターを弾いて歌って、これからデビューしたいんです。私の歌を聴いてください」と言って、目の前で弾き語りを始めたんです。

場所はテレビ局のスタジオの前室で、お客は番組のプロデューサーであるきくち伸さんと僕の2人。そのとき彼女はシンディ・ローパーの「トゥルー・カラーズ」を歌ったのですが、その姿がとても印象的でした。すごくエネルギーのある子なんだということが伝わってきたんです。

その後、彼女は無事にデビューを果たし、楽曲も話題になったことはとてもうれしいことでした。レコーディングは「結婚しようよ」が初めてでしたが、その前にもテレビやイベントなどでご一緒する機会もありました。そういう縁のあるアーティストだからこそアルバムに参加してもらいたいと思いましたし、ギターを弾きながら歌うというスタイルなので、拓郎さんの初期ナンバーを歌ってもらいたいと思ったんです。

それにこの曲は、キュートなポップ・ナンバーなんですよね。だから、彼女に合うのではないかと思いました。特に「僕の髪が」という歌詞を女の子が歌うと面白いんじゃないかと考えて、あえて女性ボーカルの方を選んだんです。

ちなみに、これも不思議な縁ですけど、原曲は松任谷正隆さんが初めてレコーディングで演奏した曲なんです。アレンジャーとして参加していた加藤和彦さんに呼ばれてスタジオに行ったそうです。

ポップ感を出すコードに変更

カバー・アレンジはギター・サウンドにしたいと思いました。chayさんがギターを弾きながら歌うのにふさわしい今のサウンドというイメージです。だから僕のアレンジにしては珍しく、ピアノのコードが目立っていなくて、オブリと刻みしか入れていません。

また、この手のサウンドが得意なのは小倉博和君だと思って、ギターは彼に弾いてもらいました。レコーディングはあっという間に終わって、確か2～3時間だったと思います。

アレンジにあたってはポップなテイストを出したかったので、少しずつコードを変えたりもしています。だから、原曲には出てこないコードが何箇所かあるんです。「結婚しようよ mmm」のところをマイナーにしてみたりとか。代理コード(＊2)を使ったりしているんですけど、恐らく拓郎さんもこれくらいは勘弁してくれるんじゃないかと(笑)。

もちろん、拓郎さんが自分で歌う場合は絶対ダメだと思いますけどね。「それ、違う」って言われると思います(笑)。

＊2
代理コード
あるコードと同じ役割を果たせる別のコードのことを代理コードと呼ぶ。

タイトルは小山薫堂

出来上がったアルバムを拓郎さんに聴いていただいたんですけど、どの曲もボーカリストが素晴らしいと言ってくださいました。自分のセレクトが正解だったと言われた気がして、良かったなあと思いましたね。

実際、参加してくださったアーティストの方々は素晴らしいカバーを披露してくださいました。1曲目は奥田民生さんによる「今日までそして明日から」なのですが、これはもう1曲目にするしかないとすぐに決めました。

若手では、Mrs.GREEN APPLEが拓郎さんの曲の中でもロマンチックな「流星」をカバーしてくれたのですが、ベーシックは彼らが作って、僕が弦のアレンジをしました。彼らはバンドとしても素晴らしいし、ボーカルの大森元貴君は声が良いですね。本当に素晴らしい若者たちだと思います。

また鬼束ちひろさんは、2016年の『FNS歌謡祭』という番組でご一緒したのですが、そのときは僕のピアノで彼女が「月光」を歌ったんです。それが素晴らしく良かったので、次の日にぜひ参加してほしいとオファーしました。鬼束さんも喜んでという感じで参加してくださったんです。

レコーディングに関しては、僕がアレンジなどで参加している場合は一緒にレコーディングしていますし、そうでないものは先方にお任せしました。ほかにも参加してほしかった方はたくさんいるのですが、バランス的にはいい感じにまとまったのではないかと思います。

吉田拓郎という人は、日本の音楽におけるパイオニアの一人だと思います。そんな方のトリビュート・アルバムを完成させられたことは、本当にプロデューサー冥利に尽きます。レコード会社から頼まれたわけでもなく、純粋に自分が作りたいと思ったものを企画して、いろんな人を口説きながら、ゼロをイチにする作業を繰り返して形にできたことは本当にうれしい限りです。

アルバムのタイトルは小山薫堂さんに付けてもらったのですが、タイトルを付けてくれる人を立てようと言ったのも僕なんです。やはり、タイトルで印象は全く変わりますからね。薫堂さんにはものすごくたくさん案を出してもらって、その中から選んだのが、「今日までそして明日からも、吉田拓郎」でした。

§

この作品によって、またひとつプロデュースという仕事の魅力を知ることができました。今後も自分でイチからプランニングして形にするということは続けていこうと思います。もちろん、それは世の中がまだ出会っていない全く新しいアーティストを送り出していくことも含めてです。KATSUMI君のときがそうでしたし、一青窈さんもそうでした。あの喜びは一度知ってしまったら忘れられるものではありません。

同時に、まだお手合わせしていない優れたミュージシャンやボーカリストの方々と一緒に仕事をしてみたいとも思っています。それはレコーディングに限らず、ライブでもテレビでもイベントでも何でもいいんです。

拓郎さんに出会う前までの僕は、先入観で勝手なイメージを作り上げ、少し敬遠すらしていました。それまでオシャレなシティポップスのような音楽が好きだった僕は、拓郎さんのような骨太で男くさい感じの音楽は、自分には合わないのではないかと思っていたのです。ところが、一緒にやってみたら全くそんなことはなくて、教わることだらけでした。

だから、まだ出会ってない方と何かをできる機会があれば、きっと目からウロコなことがあるでしょうし、学べることもあると思います。新しい出会いは必ず自分にとってプラスになります。ももいろクローバーZとの出会いがそうであったように。ですから、まだ出会ってないアーティストの方々とは、ぜひ一緒にやってみたいと思っています。

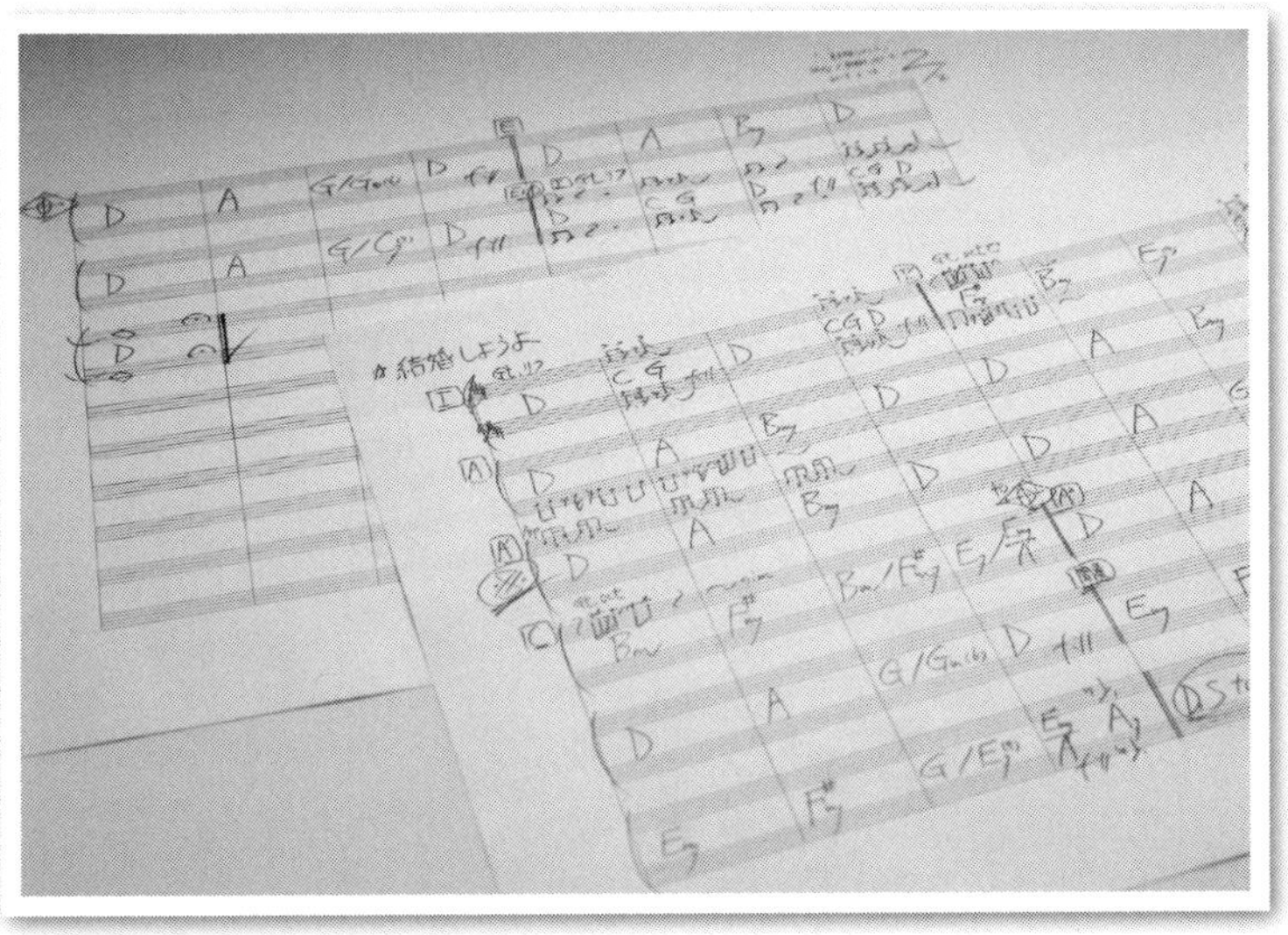

「結婚しようよ」のマスターリズム譜
イントロには“Gt. リフ”と指示が記入されている

あとがき

こうやって、あらためて自分の作品を振り返ってみると、そこにはたくさんの人たちのエネルギーが詰まっているのだなぁ……と実感しました。僕の作品に参加してくれたミュージシャン、エンジニアなど、すべてのクリエイターにお礼を申し上げたいと思います。

そして何よりたくさんの才能あふれるアーティストとの出会いがあったからこそ、自分の音楽性、自分に一番合ったスタイルを見つけることができました。これからも１曲でも多く、力のこもった作品を世の中に送り出すことができたら幸せです。僕がアーティストから言われて一番うれしい言葉は、「歌いやすかった！」「気持ちよくパフォーマンスできた！」、これに尽きるのです。

そして、コメントをくださった長岡さん、一青窈さん、小倉君、今井君、ありがとう。

最後に、長年にわたって僕を支えてくれているマネージメント・スタッフ、家族にもこの場を借りて感謝したいと思います。
〝すべては歌のために〟、これからもこの思いは変わらずに音楽を作り続けていけることを信じて……。

２０１８年１月　武部聡志

[著者紹介]

武部聡志

Satoshi Takebe

作曲家／編曲家／音楽プロデューサー。

1957年2月12日生まれ。東京都出身。

国立音楽大学在学時より、かまやつひろしのバック・バンドへ参加したことをきっかけに、プロ・ミュージシャンとしてのキャリアをスタート。

1983年の松任谷由実コンサートツアー「REINCARNATION」以降、すべてのツアーの音楽監督を担当。他にも、吉田拓郎など多数のコンサートで音楽監督を務めている。

CX系ドラマ『BEACH BOYS』、『西遊記』、etc、スタジオジブリ作品『コクリコ坂から』など、サウンドトラックでも才能を発揮。また『僕らの音楽 〜our music〜』『MUSIC FAIR』『FNS歌謡祭』など音楽番組の音楽監督としても、その手腕に定評がある。

プロデューサーとしては一青窈などを世に送り出したことで知られ、NHK総合『プロフェッショナル 仕事の流儀』の番組主題歌のために結成されたバンド、kōkuaを成功に導いた。サウンド・プロデュース／アレンジまで含めると手掛けた作品は膨大な数に上る。

『音楽家の話が聴きたい。』

好評配信中

第1回
～音楽プロデューサーの仕事とは～
武部聡志

第2回
～レコーディングにおけるサウンド・プロデュースの仕事とは～
森俊之

第3回
～ライブ・プロデュースの仕事とは～
本間昭光

『音楽家の話が聴きたい。』は、都内のライブハウス「TheGLEE」にて不定期で開催されているリアルライヴエンタテインメント。第一線で活躍する音楽プロデューサー、アレンジャー、ミュージシャンが登壇し、音楽制作のノウハウを惜しげもなく披露するという内容で好評を博しています。

「こんな貴重な話をその場だけにとどめておくのはもったいない！」という声にお応えして登場したのが、映像版『音楽家の話が聴きたい。』で、現在「Amazonビデオ」「GoGetterz」にて配信中！ 武部聡志の回では「Progress」や「桜色舞うころ」など、本書でもピックアップされた楽曲の制作秘話が語られています。まずは下のURLからチェックしてみてください。

すべては歌のために

ポップスの名手が語る22曲のプロデュース＆アレンジ・ワーク

2018年1月23日　第1版1刷 発行
定価（本体2,000円＋税）
ISBN978-4-8456-3175-9

著者　武部聡志

発行所　株式会社リットーミュージック
〒101-0051　東京都千代田区神田神保町一丁目105番地
ホームページ：https://www.rittor-music.co.jp/

発行人　古森 優
編集人　松本大輔

［乱丁・落丁などのお問い合わせ］
TEL：03-6837-5017　FAX：03-6837-5023
service@rittor-music.co.jp
受付時間／10:00-12:00、13:00-17:30
（土日、祝祭日、年末年始の休業日を除く）

［書店様・販売会社様からのご注文受付］
リットーミュージック受注センター
TEL：048-424-2293　FAX：048-424-2299

［本書の内容に関するお問い合わせ先］
info@rittor-music.co.jp
本書の内容に関するご質問は、Eメールのみでお受けしております。お送りいただくメールの件名に「すべては歌のために」と記載してお送りください。ご質問の内容によりましては、しばらく時間をいただくことがございます。なお、電話やFAX、郵便でのご質問、本書記載内容の範囲を超えるご質問につきましてはお答えできませんので、あらかじめご了承ください。

カバー／本文デザイン／DTP　waonica
協力　株式会社ハーフトーンミュージック

編集長　小早川実穂子
編集担当　永島聡一郎
編集協力　高橋慎哉（有限会社パルス）
撮影　八島 崇（P66／P145／P166／P254／P275）

印刷／製本　中央精版印刷株式会社